日 常 工 作 中 的 领 导 力 心 理 学

乘坐领导力
的过山车

[荷] 曼弗雷德·凯茨·德·弗里斯 著
（Manfred F. R. Kets de Vries）
杨华夫 译

RIDING THE LEADERSHIP
ROLLERCOASTER:
AN OBSERVER'S GUIDE

人民东方出版传媒
People's Oriental Publishing & Media
东方出版社
The Oriental Press

图字：01-2018-8377 号

First published in English under the title
Riding the Leadership Rollercoaster：An observer's guide
by Manfred F.R. Kets de Vries
Copyright © Manfred F.R. Kets de Vries 2017
This edition has been translated and published under licence from
Springer Nature Switzerland AG.

中文简体字版专有权属东方出版社

图书在版编目（CIP）数据

乘坐领导力的过山车：日常工作中的领导力心理学／（荷）曼弗雷德·凯茨·
德·弗里斯 著；杨华夫 译. —北京：东方出版社，2019.6
（曼弗雷德管理文库）
书名原文：Riding the leadership rollercoaster：An observer's guide
ISBN 978-7-5207-0772-5

Ⅰ.①乘…　Ⅱ.①曼…　②杨…　Ⅲ.①领导心理学—研究　Ⅳ.①C933

中国版本图书馆 CIP 数据核字（2019）第 029835 号

乘坐领导力的过山车：日常工作中的领导力心理学
(CHENGZUO LINGDAOLI DE GUOSHANCHE：RICHANG GONGZUOZHONG DE LINGDAOLI XINLIXUE)

作　　者：［荷］曼弗雷德·凯茨·德·弗里斯
译　　者：杨华夫
责任编辑：刘晋苏
出　　版：东方出版社
发　　行：人民东方出版传媒有限公司
地　　址：北京市朝阳区西坝河北里 51 号
邮　　编：100028
印　　刷：北京联兴盛业印刷股份有限公司
版　　次：2019 年 6 月第 1 版
印　　次：2019 年 6 月第 1 次印刷
印　　数：1—6000 册
开　　本：880 毫米×1230 毫米　1/32
印　　张：8.75
字　　数：220 千字
书　　号：ISBN 978-7-5207-0772-5
定　　价：68.00 元
发行电话：(010) 85924663　85924644　85924641

版权所有，违者必究
如有印装质量问题，我社负责调换，请拨打电话：(010) 85924602　85924603

献给乔伊斯·麦克杜格尔和莫里斯·丹吉尔，

他们帮助我看到了自己的潜力，

他们是我生命之旅的向导。

目 录
CONTENTS

第二部分

上冲……

第三部分

尽情旋转

推荐序　老板桌后

文/肖知兴

2007 年的现象级电影《穿普拉达的女魔头》中，著名女演员梅里尔·斯特里普塑造了一个典型的精神病态的（psychopathic）女老板：自信自恋，气场强大；沉着冷静，无所畏惧，享受冲突；为达目的不惜一切手段，善于操纵和利用别人，对于自己的非道德行为没有任何歉疚心理。这个女老板的表现，几乎完全符合牛津大学心理学家凯文·达顿在《异类的天赋》一书中对这种类型的人格障碍（personality disorder）的描述。与一般的精神病态相比，这个女老板因为身在时尚行业，还要加上强迫症和控制狂的一些典型症状。一个职场小白，如何在这样变态的一个女魔头的淫威之下讨生存，人们不由得对安妮·海瑟薇扮演的小实习生捏一把冷汗。

《穿普拉达的女魔头》的最后，小实习生毅然决然地放弃了女老板认为"一人之下，万人之上"的职位。在公司门口，女老板与小实习生有一次意味深长的对望。那一瞬间，女老板在想什么？也许她在想"总有一天，你会像我一样"？8年之后，扮演小实习生的安妮·海瑟薇自己也成了大明星，主演了一部《实习生》，果真变成了一个类似的女老板，成天颐指气使，吹毛求疵，看见别人眼中的刺，看不见自己眼中的梁。还好，在罗伯特·德尼罗扮演的"老实习生"的帮助下，这一次，女老板找回了自己，实现了内心的平和与家庭的平衡。

西方文化整体而言崇尚个性、尊重差异，加上大家平均的职业化程度较高，一般人都懂得"don't take it personally"（不是针对你个人，不要太在意）的道理，所以对职场上的精神病态的行为接受度较高。很多明星级的老板如乔布斯、马斯克，身上都有这种施虐型人格的影子。与之相比，中国文化高度重视人际关系的和谐，强调与人为善的传统，对于这种类型的行为模式的接受度总体应该更低。例如，英文形容人是一个"nice guy"，其实是很弱的表扬（如果不是批评的话）；中国人说"谁谁谁是一个好人"，往往是蕴含了强大道德性和情感性内容的一种很高的褒扬，二者完全不在同一个量级上。

领导力发展行业的基础是组织行为学的研究，其有效性的前提是，这个人的心理相对比较健康，有基本的自我观照、自我觉察和自我反思能力。所以，这个行业的专业工作者在工作中碰到精神病态等各种人格障碍，是一件很无奈的事情。例如，前不久，一个小有名气的老板来参加我们的一个企业家学习活动。他的公司刚上市，体量可能比当时在场的大多数人的企业大一些。他注意到这个情况后，说话的声音就开始越来越大。在一个同学表达了要成为千亿级企业的梦想之后，他开始抑制不住地嘚瑟："什么千亿级企业？你们见过千亿级企业吗？千亿级企业老板都是与什么人交朋友你们知道吗？"云云。大家见过找存在感的人，没见过以这种方式找存在感的人，整个会场，瞬间"石化"。

这种老板，在"dog eat dog"（指强势竞争文化）的西方职场中，也许不算什么大问题；但在注重涵养和城府的中国社会，我可以断定，几乎预示了他将来不妙的结局。当然，语言上的冒犯，与行动上的冒犯相比，算不了什么。

3

最近，中国某著名电商公司创始人的"强奸案"和某著名制药企业创始人的"杀妻案"的各种细节透露出来，大家可以看看这种精神病态发展到行为冒犯层面的时候，能有多么可怕。而社会大众和公共舆论，对这种行为模式的惩罚力度，又将有多大。创业者本来就是比较异类的人，再加上他们肩负各种巨大的压力，他们发生心理健康和人格障碍问题的概率比普通人更大，忽视这个问题，对员工、对企业、对社会都是一个巨大的风险。

关于企业家的心理健康和人格障碍，我的母校 INSEAD（欧洲工商管理学院）的曼弗雷德·凯茨·德·弗里斯教授是西方学术界绕不过的一座灯塔。从二十个世纪七十年代开始，他花了近半个世纪研究这些问题，横跨学术界与实践界，发表了三百多篇论文并出版了四十多本书，组织了无数高层培训和咨询项目，影响了欧美国家千千万万的企业和企业家。他的所有著作的清单，打印出来，最少几十页。西方一线学者有多敬业、多专注、多勤奋，凯茨·德·弗里斯是一个非常好的正面典型。

凯茨·德·弗里斯几乎单枪匹马，把 INSEAD 变成世界领导力研究与发展的中心之一。不为人知的是他这些年经历的一些艰难的挑战。行为心理学成为西方学术界主流之后，弗洛伊德的心理分析学成为一个少数派，甚至被一些人认为是"巫术"。凯茨·德·弗里斯却一直强调他的心理分析学背景，和基于心理分析学的心理动力学（psychodynamics）及心理治疗学（psychotherapy）范式，可以想见，主流心理学学术圈是怎么看他的。自从 80 年代他与著名组织学者 Dan Miller 在主流学术期刊发表《神经质组织》后，主流心理学界、组织学界基本就找不到他的名字了。

还要一个原因是，凯茨·德·弗里斯的写作风格基本沿袭的是欧洲管理学界的传统，偏人文，偏跨学科，行文常常是旁征博引，如入无人之境，与美国 A 级学术期刊的偏定量、偏专业术语，讲究"无一字无来历"的行文风格，形成鲜明的对比。所以，他的文章，一般都发表在偏欧洲风格的学术期刊（如 *Organizational Dynamics*，*Human Relation*）上；他的书的出版者，一般也不是那些有严格的同行评审程序的学术出版社（如西方主要大学的出版社）。

我在 INSEAD 读博士时，凯茨·德·弗里斯不在组织行为学（Organizational Behavior，OB）系，而是在创业与家族企业系；不是核心的、行使各种学术权力的 tenue-track pro-fessor（终身轨教授），而是相对边缘的 clinic professor（临床教授或实践教授），可以想见他在学校地位的尴尬。过来人告诉我，有一段时间，他甚至差点面临被学校解聘的情况，幸好当时在 INSEAD 的另外一位管理大师明茨伯格及时出手，危机才算化解。

当时，我们这些少不更事的博士生，每天浸淫在典型的美式研究的各种套路当中，对于凯茨·德·弗里斯的遭遇，还不免有些轻薄之心，就像财务、运营等定量学科，嘲笑偏定性的 OB 代表的是"Organizational Bullshit"一样。定量研究嘲笑定性研究，正式模型嘲笑数理统计，大家人云亦云地一起跟着鄙视链走，哪里知道这种鄙视和反鄙视背后的辛酸与无奈。多少年轻的学术梦想，在这种狭隘的对峙中灰飞烟灭。

当然，与德鲁克长期得不到学术界的接受，甚至直到今天仍为一些人所轻薄相比，凯茨·德·弗里斯这点尴尬，就算不了什么了。西方管理学界的这种理论界与实践界、理论知识与实践知识相互脱节的奇怪情况，也是管理有多复杂，管理学有多复杂的一个很好的注脚。权力、派系、资源……

象牙塔内的斗争，甚至比象牙塔外面还要更为激烈、更为不择手段、更为"精神病态"。所以，如果没有一定的使命感与责任感的支持，大家还是离这个学科远一点为妙。

学术界倾向于认为，信息技术的发展、传播的便利、各种娱乐方式的大繁荣、全球化导致的竞争加剧，也许都在某种程度上加大了人们平均的精神变态的程度，或者说，至少是加大了人们对各种精神变态的接受程度。例如，第一代硅谷创业者如 Dave Packard、Bill Hewlett（惠普公司创始人）、Andy Grove（英特尔公司前 CEO）看起来都是温和儒雅的谦谦君子，到了乔布斯、马斯克时代，却仿佛印证了 Andy Grove 的那句话：唯有偏执狂才能生存，唯有偏执狂才能成功。对事的偏执狂，大家容易接受；对人的偏执狂，就离人格障碍和精神病态不远了。

难道这个世界必然要被《穿普拉达的女魔头》那样的疯子、变态和怪人所主导？我倾向于没那么悲观。心理学的维度之外，还有一个神学的维度。我写下这篇文章的时候，巴黎圣母院刚刚燃起熊熊大火。与很多人认为这标志着法国和欧洲信仰的失落相反，我反而认为这也许是他们的宗教文化之复兴的一个转折点。这种宗教文化，强调英国作家 C. S. Louis 所定义的 agape（上帝之爱、无缘无故的爱）的力量，对于维护人们的心理和精神健康，遏制精神病态尤其是企业界的精神病态扩散的趋势，将起到一般中国人难以想象的巨大作用。

反倒是我们中国有些人，好像除了对金钱，包括金钱代表的地位和金钱所能购买的东西以外，对其他东西，都鲜见坚定的信仰，未来将如何应对这个问题，更让人担心。大火之后，巴黎圣母院的主体结构还在，我们的"巴黎圣母院"呢，早就不知道经历过多少次大火了。我在《以热爱战胜恐惧》中总结的正念、良知与天命三个概念，算是在文化的废墟里努力拣起一些相对完整的碎片吧。这样一片瓦砾遍地、尘土飞扬的土地上，技术演进的巨轮还在越转越快，娱乐至死的文化还在愈演愈烈，没有底线的资本用更大的力量让用户上瘾，看那一张一张麻木的脸，因为过度使用电子产品而逐渐失去血色。这些东西，将把我们带向何方？

我没有答案。

（作者为领教工坊联合创始人）。

前　言

　　我现在很开心。自己仿佛坐在某种奇异的巨大过山车上，虽然无法知晓下一刻会发生什么，但让人乐不可支。

——史蔓莎·曼巴

　　质询生命的意义，是对人的存在状态的最真实的诠释。

——维克多·弗兰克

　　对于多数人来说，生活不是一条长长的笔直大道；生活的旅程如同乘坐过山车：有抵达高点的欢愉，也有滑落低处的悲戚。生活中，恐惧和欣喜可能同时存在；生活充满着不可预知的变幻和挑战。那些身处领导岗位的人，格外能体会到生活的过山车效应。他们更有可能经历起起落落、成功与失败、欢乐与痛苦。对于这种经历的感受程度，因过山车"乘坐者"的不同而不同。他们要么吓得尖叫，要么享受刺激，或者兼而有之。不论在开始还是在结束，不论是在得意之时还是在失意之日，他们中有的能够表现上佳，有的则跌落沉沦。

担当领导职位往往意味着要在生活中经历风险，意味着生活不同凡响，意味着要离开那条笔直的窄路，踏上一条更为激动人心的征途。就如同乘坐过山车一样，在这条征途上，有的时候，我们要惊心地屏住呼吸，但在大多时候，我们则是感到真正的生气勃勃。在下一个转弯或下一次上升之后，我们或许无法知晓会发生什么，但在这样的旅程中，我们享受着巨大的愉悦。

多年以来，我从事着精神分析学家、管理学教授、顾问和高管教练等项工作。我还是一位"过山车娱乐活动"的观察员，目睹了数以千计的人乘坐"过山车"。我陪伴他们乘坐"过山车"，他们向我抛出成堆的问题，其中很多时至今日我依然不得真解。经过了一定时间以后，我逐渐认识到，对于那些不得真解的问题，能够做到泰然处之，也自有其好处。本书中的各篇短文是对领导旅程中起起伏伏的经历的思考，也是我对领导生涯观察总结后所形成的思想的提炼。在每一篇文章之后，都有思考题，鼓励读者深入思考文章的主题思想、将文章的内容与个人生活和职业生涯的经历相衔接。

在我的工作中，我最感兴趣的方面是研究人的内心世界。我一直督促我的学生和客户，希望他们成为人际关系和组织机构的"侦探"，希望他们透过现象，看到自身和他人行为中所体现的更深层的意义。我的夙愿是：他们在这方面能够有所收获，避免过去的经历成为他们的桎梏，避免无法认知他们行为中存在的重复模式，避免旧错重犯。我要求他们要有自知之明，能够了解自身存在哪些真正的潜力、有哪些局限性。一直以来，我努力帮助人们拓展他们选择的能力。我希望，本书能在这方面贡献绵薄之力。

在此，我谨向那些在本书撰写过程中给予帮助的人致以谢意。感谢《哈佛商业评论》高级编辑大卫·查姆宾和智库网的编辑简·威廉姆斯，他们鼓励我脱离惯常的写作风格，转而撰写了一系列博客和短文。我还要感谢莎莉·西蒙斯，一位强势的编辑，她帮助我删去那些我心爱的内容，将本书打造成形，最终付诸出版。感谢我的研究助理，艾丽西亚·奇克-巴亚尔容，总是能高效地完成我交给她的任务，每每让我惊讶。最后，同样让我充满谢意的是希拉·劳克斯海姆，她担当我的助理有 20 年之久，她总是努力（但不是总能如愿）安排好我的生活，让我把更多的精力投入到我最热爱的事业中去。

毋庸置疑，本书若有任何错误和不足，应完全由我一人负责，与旁人无关。

关于作者

在已被广泛研究的领导力和个人与组织动力学领域，曼弗雷德·F. R. 凯茨·德·弗里斯教授引入了全新的观点。凭借他在经济学（经济学博士学位，阿姆斯特丹大学）、管理学（国际教师项目参与者、MBA 和 DBA 学位，哈佛大学商学院）以及精神分析学（加拿大精神分析学会、巴黎精神分析学会和国际精神分析学会）等领域的知识和经验，弗里斯教授仔细研究了国际管理、精神分析、心理治疗、动态精神病学和高管教练之间的关系。他感兴趣的具体领域包括领导力、职业动态学、高管心理压力、创业精神、家族企业、企业继承计划、跨文化管理、高绩效团队建设以及企业转型和变革的动态变化。

弗里斯教授是欧洲工商管理学院（INSEAD，在法国、新加坡和阿布扎比开设有分校）领导力发展和组织变革领域的杰出临床教授。他是 INSEAD 全球领导力中心的创始人。该中心是世界上最大的领导力发展中心之一。此外，他还是欧洲工商管理学院高级管理课程"领导力的挑战：培养你的情商"项目的主任，以及管理学硕士项目"带来变革的咨询和辅导"的负责人，并曾五次获得该学院的杰出教师奖。他还是柏林欧洲管理与技术学院（ESMT）领导力发展研究领域的杰出客座教授。他曾在麦吉尔大学、蒙特利尔高等商业学院和哈佛商学院担任教授，并在世界各地的管理机构讲学。

英国《金融时报》《经济学人》，法国《资本》杂志，德国《经济周刊》都将弗里斯教授评为全球顶尖的领导力研究学者。他名列"全球最具影响力的50位管理思想家"，并被认为是在人力资源管理领域最有影响力的人物之一。

弗里斯教授是40多本书的作者、共同作者或编辑者，包括《神经质组织：诊断并改变不良管理风格》《领导、傻瓜和骗子》《管理快车道上的生与死》《领导的奥秘》《幸福等式》《领导者是天生的吗》《俄罗斯新商业精英》《恐惧领导力：阁楼上的夏卡祖鲁》《全球高管领导力清单》《教练与沙发》《沙发上的领导》《沙发上的家族企业》《性、金钱、幸福与死亡》《性格与领导力反思》《领导力与职业生涯反思》《组织的反思》《领导力教练万花筒》《刺猬效应：打造高绩效团队的秘诀》《正念领导力》。还有几本书在准备中。

此外，弗里斯教授已经发表了 400 多篇学科论文，包括书籍中的章节和独立文章。他还撰写了大约 100 个案例研究，其中 8 个案例获得了"ECCH 年度最佳案例奖"。他是许多杂志的固定撰稿人。他为《哈佛商业评论》和《IN-SEAD 知识》写作博客。他的文章刊登在《纽约时报》、《华尔街日报》、《洛杉矶时报》、《财富》、《商业周刊》、《经济学人》、《金融时报》和《国际先驱论坛报》等刊物上。他的书籍和文章已被翻译成 31 种语言。

弗里斯教授是《管理学会》编委会的 17 个成员之一，并当选为管理学学会的会员。他是国际精神分析研究组织（ISPSO）的创始成员，并被授予终身会员资格。由于对领导力研究和发展的杰出贡献，他也是获得国际领导力协会终身成就奖的第一位非美国人；他被认为是世界领导力发展领域与规范的创始学者之一。由于他对咨询领域的贡献，美国心理学基金会授予他哈里和莱文森奖（组织咨询方面）的荣誉。在荷兰，他因其在管理和精神分析领域的贡献而被授予弗洛伊德奖。他还获得了哈佛领导力辅导学院的卓越远景奖。此外，他还获得了两个荣誉博士学位。

弗里斯教授是美国、加拿大、欧洲、非洲和亚洲顶尖公司在组织设计、转型和战略性人力资源管理领域的顾问。作为领导力发展领域的全球顾问，他的客户来自 ABB、荷兰银行、埃森哲咨询、荷兰全球人寿、法国液化空气公司、加拿大铝业、阿尔卡特、阿布扎比先进技术投资公司、贝恩咨询、奥陆芬音响、邦尼集团、英国石油公司、凯恩酒店集团、德意志银行、爱立信、通用电气资本、高盛、喜力、哈德森、联合抵押银行、天达、毕马威、乐高、利宝保险、汉莎航空、灵北制药、麦肯锡、澳大利亚国家银行、诺基亚、诺华制药、诺和诺德、起源、南非米勒酿酒、壳牌、喜威、史宾沙、南非标准银行、三方对话银行、联合利华和沃尔沃汽车。作为一名教育家和顾问，他曾在 40 多个国家工作过。在担任顾问期间，他还是 Kets de Vries 研究所（KDVI）的创始人。该研究所是一家从事高端领导力发展咨询的公司。

荷兰政府授予他奥兰治-拿骚官佐勋章。他是第一位在蒙古国飞钓的人，还是纽约探险家俱乐部的成员。在工作之余，他的足迹遍布非洲中部的雨林与草原、西伯利亚的针叶林、帕米尔高原和阿尔泰山、阿纳姆地乃至北极圈。

第一部分

下行……

— 1 —
我讨厌我的老板
职场中的毒性关系

在她的老板离职前，爱丽丝一直都热爱着她在艾克利斯托斯公司的工作。包括离职的老板在内，公司所有的高管都对爱丽丝很满意，看好她在公司的前途。然而，新老板来了，一切就都变了。他对爱丽丝有完全不同的看法。于是，过去那种良好的职场关系一下子消失了。新老板公开表示他不喜欢自己接手的这个团队。在其后的 12 个月里，他一步步把爱丽丝原来那些同事都替换掉了。对于任何不是源于他的方案，他一概采取焦土政策。即使项目明显会为公司带来利益，但如果不是出自他的点子，也会被毙掉。

开始的时候，爱丽丝做出了超凡的努力，试图成为老板满意的好员工，她甚至直接问他，她怎么做才能赢得他的信赖和尊重，因为很显然，新老板并未给予她信赖和尊重。可她的老板并不喜欢她，他不肯相信她的能力，也不支持她，只是交给她沉闷无趣的项目去做。爱丽丝没有机会展示自己最优秀的一面。

爱丽丝向人力资源部门述说，还转去求助公司最高管理层的成员。可是，虽然大家都认可她的工作质量以及她的专业水准，但没人想出头帮助她，因为大家都担心会威胁到自己的职位。由于缺乏有效的支持，爱丽丝觉得自己都要疯掉了。工作上的苦恼开始全面影响她的福乐，她变得沮丧、易焦虑，出现睡眠障碍，还形成了不良的饮食习惯。她依然爱着艾克利斯托斯公司，可是讨厌她的老板。为了身体的健康，她被迫打算辞职了。

不幸的是，爱丽丝的遭遇并不少见。人们常说，员工因为热爱公司而来，却因讨厌老板而去。员工契合度的调查数据让我们不安：世界范围内，只有13%的雇员工作投入；大部分（63%）"工作不投入"，24%"消极怠工"。在美国，50%的雇员会在其职业生涯的某个时刻辞职[1]，其原因是为

---

① 源自2013年针对142个国家进行的盖洛普调查报告《全球职场状况》。

了逃离老板——这成为员工离职的首要原因。坦率地说，这听起来挺丢人的，但是，为何不进一步了解一下其中的缘由呢？为了隐瞒离职实情或让离职合情合理，我们会将离职归咎于能力不足。我们更可能会为离职编造一些不会给我们带来负面影响的借口：孩子不喜欢现在的学校，我的配偶想换个城市生活，我们要搬到离老人近的地方去住，等等。但是，如果再细究一下，就会发现，离职的真正原因常常是与老板不睦。

很多人对他们的老板缺乏信赖和尊重，他们往往有着相同的抱怨：管理过于微观琐碎，欺软怕硬，逃避矛盾，决策瘫痪，行为不一，老板独揽荣誉，老板诿过于人，不愿分享信息，不愿倾听，未以身作则，运作水平低以及不培养下属。这里罗列了老板职能失调的众多情形，但并不完整。有太多的人在糟糕的老板手下工作，也有太多的公司因糟糕的老板而付出代价。糟糕的老板有害于员工，也不利于公司。

当然，多数老板并不是天生就不好。在我们人类生活中，看事情通常要一分为二。老板们如此行事，必有其合理原因。老板们常常压力重重，不得不以牺牲长远规划为代价，采取短期行为，这种做法只会导致管理失衡。

然而，无论出于何种原因以及原因是否合理，如果你讨厌你的老板，你当如何呢？你是否觉得应步爱丽丝的后尘一走了之，还是说，你能找到其他的解决办法？

实际上，设法管理好与老板的关系是你工作的一部分；在这方面做得好坏，是检验你作为经理人表现优劣的一个关键指标。如果你与老板处于毒性关系，那么你的第一要务是要弄清楚，与老板的这种毒性关系，仅是你的个案，还是其他人也有相同的经历。

如果你的同事也讨厌你的老板，那么你面临的形势就比较严峻。一个解决办法是，大家团结起来，集思广益，想出策略，炒老板鱿鱼。但是，如果其他人没有你这样的感受，那可能就是你个人的原因了。这样的情形当然不是你所希望的，不过，如果你肯承认自己的问题，你在行为上就会相应做出改变，从而挽救你和老板的关系。

如果你认为自己存在问题，你可以向同事们取经，了解一下他们在与老板良好相处的做法上有什么可取之处。这样做会让自己获得启发，知道该如何调整自己的做法。根据取经对象的不同和你对毒性关系状况描述的差异，如果你巧妙而老到地与有关的同事处理好关系，那么，其中部分同事可以充当你的幕后帮手，帮助你从中斡旋你和老板的关系。

另一个解决之道是认真观察能够与老板融洽共事的那些人的行为举止。哪些他们做到了，而你没有做到？他们是否已经知道老板的哪些红线不能踩？进一步审慎地向同事询问，会帮助你解开这些疑问，但是，询问过程中务必注意你的方式：不要说老板的坏话，否则会产生出乎意料的糟糕后果；你所有的提问都要精心设计，应该正面、积极。

此外，试着让自己从事情当中抽离出来，更客观地审视自己的情绪和反应。你为什么讨厌老板？是因为你讨厌老板看你的眼神、讲话的声调、对你的举止，或者对你讲话的口吻吗？你的老板是否让你想起了现在或过去你不喜欢的某个人？这一切都值得你深刻地自我反省一下。你或许会发现，你与某类权威人物相处时反复发生问题。在你的生活中可能存在着其他令你不悦的人，而你的老板或许只是这些人的"替身"。精神分析学家将这种情形称为"移情作用"，因为，没有任何一种关系是一种全新的关系，每一种关系都带有之前关系的色彩。时间、空间和人的混淆，都会对你产生影响。

应更深入地了解人际动力学，它会指导你和老板认真地交谈，探究为什么你们之间关系不畅。在毒性关系中，缺乏沟通可能是一个主因，而双方进行交谈或许能让一切云开雾散。交谈中，你或许会发现，你的老板甚至都不知道你有多么不痛快。交谈可以消除误解，有可能让双方的行为都发生改变。

尝试了上述办法以后，如果你清楚地发现，问题的根源不是误解，而是双方性格有严重的冲突，那么，你能做出的行动选择就会很有限。不要想着求助人力资源部门了，因为设立这个部门（在很多时候）本身就是服务于最高管理层，而不是为某位雇员服务的。现实很残酷，揭发检举者常常被视为麻烦制造者，会被扫地出门。

你也可能会采取消极的应对办法，加入疏离老板的那一群人——在工作中走过场，与老板保持最低接触。当然，也会有这种可能，或者希望很大：老板某一天离职，另谋高就去了。即便如此，但眼下你真的应该这样消极卜去、对工作散漫和自暴自弃吗？你有可能会像爱丽丝那样，工作中的痛苦外溢，进入你生活的方方面面，让你产生抑郁及一系列其他身心失调的反应。

有一种积极主动的应对办法，就是与你老板的老板接触，请求和对方私下简短地聊一聊，这是孤注一掷的做法。这可能是你在公司范围内最不愿意做的一件事情，但这样做，你至少可以向上级管理层发出信号：出现了很麻烦的情况。

你试图改善与老板的关系，但如果所有可能的尝试都失败了，那么你就得开始另谋高就了。做出这样的决定将有助于你保证自己的心理健康。在多数情况下，当你还在职时，最好提前制定好离职策略。把自己的简历完善一下，与一些猎头公司接触，准备一些为你增色的推荐信。记住，糟糕的老板虽然会束缚你，甚至会毁了你，但是他们也会让你变得强大。遇到糟糕的老板不一定是你的错，但如果你非要在一棵树上吊死，那就是你的问题了。

思考题

● 你的老板是否会让你想起生活中的某个人？

●与老板周旋，你有何感受和联想？你的老板对你产生了什么样的影响？

●你认为你和老板之间的关系是按预想的"剧情"发展的吗？在这种关系中，你们各自扮演什么角色？

●你是否了解，你老板的情绪主要受什么影响（是什么让你的老板愤怒、悲伤、不快或高兴)？

●你是否做出切实的努力让自己从老板的立场出发思考问题？

●你是否和别人交谈，了解他们对老板的看法？

— 2 —

下　落

傲慢——确确实实

安东尼奥·德尔·波特——"托尼奥"——是公司中一颗冉冉升起的新星。每个人见到他以后，首先谈论的是他的自我主张。在任何会议上，不论是正式的还是非正式的，他都畅所欲言，自信满满。他反复声称，他知道如何取得成果，他也能取得成果。他的这些话很令人信服。毫无疑问，他吸引了众多公司高层的注意。如果说还有一两个人认为他"口出狂言"、自以为是、骄横傲慢的话，那么其他人则觉得他完美无缺。人们普遍认为他会升迁至高位。

然而，与托尼奥近距离共事后，人们却发现完全不是那么回事。他在不同团队间不停转岗，很难融入任何一个团队。他几乎会让每一个与他共事的人都感到沮丧，其中一些同事感到心力交瘁。大家抱怨说他把功劳都揽到自己身上，从来不承认其他人做出的贡献；一旦出错，他就诿过旁人，永远设法让自己成为无错的人。大家一致认为，他"自大"、"有些自以为是"。部分人对他还有更差的评论。托尼奥是个"霸王"，大家不敢与他意见相左，他还会故意侮辱别人。他会对别人的教育、车辆、外貌、脱发等说三道四。他还会找寻别人的弱点，并且表现得冷酷无情。一位团队成员的孩子患有唐氏综合征，该成员因而有"特殊需求"（用托尼奥的话说），他对此冷嘲热讽，当时在场的人永远无法忘记他的那些不良言辞。然而，这一切在他的老板那里似乎未引起注意。

令托尼奥的同事和下属深感失望的是，公司中很多上层管理者对他无比赞赏。他们未能看清他的真面目。他们似乎未注意到，他的同事的离职率升高了，也似乎未注意到他所负责的工作的成效日益降低。托尼奥有这样一个本事，他能在麻烦发生前及时脱身，并且能够设法让每个人相信他与此事毫不相干。

托尼奥的擢升不可阻挡，顺顺当当地当上了某个业务大区的负责人。一旦脱离了曾对他有所限制的总部的监督，他的行为就变得无法无天了。他完全除去了那个给人以亲密感的"托尼奥"的虚假伪装。有些人曾到访大区办公室，他们吃惊地发现，办公室的员工对他是如此地恭顺与奉迎。一位女士向总部汇报说，她发现大区办公室的员工想尽办法躲避德尔·波特；在开会过程中，她看到没人愿意与他目光交汇。一起饮酒时，有人告诉她，德尔·波特曾经用一根棒球棒威胁一名同事。起初她不信，但几天以后，她亲眼在德尔·波特的办公室里发现了一根棒球棒，这时她开始有些相信了。

有关德尔·波特的传言日渐增多，但多数仅是道听途说，因为没有人敢公开说出来。对于他威胁别人的行为、他惩罚惹怒他的人的做法以及一落千丈的业绩数据，不知怎的，他都想方设法成功为自己进行了开脱。他似乎坚不可摧。

最终，德尔·波特自毁前程。一名初级员工向她父亲告发德尔·波特频繁的办公室性骚扰行为，而这名员工的父亲恰巧是警察分局的局长。第二天早上，这位局长带领下属突然出现在德尔·波特的办公室，由此，德尔·波特的恐怖管理终于走向终结。

有很多自恋的人，为了获得权势、声望、名誉和个人魅力，最终踏上了政治或商业领域的领导岗位。他们中间的很多人貌似十分成功。他们的自信和对他人的影响力让他们得偿所愿。不幸的是，经过一定时间之后，自恋的阴暗面显现出来，导致这些领导者的领导职能出现极大的缺欠。

人类容易把我们的领导者理想化。这源于我们对安全感的需要。这种需要是从儿童时期遗留下来的。儿时，我们认为父母是完美的、无所不能的。因此，到了成年的时候，我们就赋予我们的领导不切实际的力量和能力，把我们的恐惧心和崇拜感投射到领导的身上。很少有人能够抗拒这种被崇拜的感觉。很多领导者开始相信，他们代表了人们的全部期望。于是，他们渐渐演变成希腊人所说的"傲慢"——过分地自豪和自信——的牺牲品，产生了权力意识。对于那些不及自身出色的人，他们嗤之以鼻，毫无耐心；对于自身不喜好的事物以及那些看似可能与自身同样成功的人士，他们或者不屑一顾，或者怒气冲天，或者怀恨在心。

在安东尼奥·德尔·波特的故事中，办公室里虽然站满了警察，但并未出现常见的结局。他太善于逃脱罪责了。

当着警察的面，他主动与总部联系，宣布立即辞职，并随后在第一时间离开了办公楼。在其后的 24 小时内，他制定出了合适的遣散金条款，与公司达成一致，排除针对自身发生任何指控的可能。四个月后，商业报刊报道说，德尔·波特以火箭般速度，荣升另一个市场中一家公司的区域负责人。看来，他还有善于释放烟幕弹的本事。

在任职仅仅 19 个月以后，德尔·波特离职，撇给公司的是巨大的损害。在他离职后，对其滥用职权和行为不端的指责蜂拥而来。他所在的区域办公室，士气从未如此低落——人们忍受了德尔·波特的所作所为那么久，可他离职的原因依旧扑朔迷离：大家怎能相信公司其他领导者的判断力呢？这种欺凌的行径曾在整个公司泛滥，已经严重影响了核心业务。供应商四散离开，员工们要么在很大程度上表现失能，要么怠工——对不良公司文化的自保行为或报复行为。员工失业不可避免；同样严重的是，这家公司在当地市场上失去了可信度。要将公司的地位恢复到德尔·波特任职前的状态，所需要的时间可远远不止 19 个月。

那么，如果在职场上碰上了像托尼奥这样的人，我们该怎么办呢？令人欣慰的是，今天，新闻和社交媒体的消息24小时不停播发，不论在世界舞台上，还是在小小的论坛上，恶行越发难于藏身了。在最糟糕的情况下，比如，你面对着卡扎菲，外部干预似乎是对付侵犯者唯一的手段。但面对职场上的不良领导者，问题解决起来就没这么简单。众所周知，自恋者会抗拒来自外部辅导或顾问机构的干预活动，这些辅导或顾问活动旨在改变这些自恋者的失能行为。

在理想状态下，公司应该能够意识到自恋所存在的阴暗面，并且建立了相应的体系，将出现的任何不良苗头消灭在萌芽状态。不幸的是，很多公司的文化为傲慢提供了肥沃的土壤；如果结果是好的，即使行为不端，人们也很容易视而不见。但是，当最优秀的人员开始离去，最后剩下的是同流合污者、谄媚者及其他缺乏技能或经验、无法另寻出路的人的时候，公司就陷入深深的危机之中。趁着公司运行尚佳之时离职，对于每个人来说，是一个简单的选择。做出其他选择则需要更多的思考。

我曾耳闻一位女性高管的故事。她的行为古怪、不可理喻，因而激怒并吓坏了她的同事；然而，她在工作上表现特别出色，她在业内的名气为公司带来了实实在在的声望。她有攻击性，这一点尽人皆知，但这也带给了她一个并不让人忧惧的弱点：她感觉被冷落了。为此，她在办公室放了一件宽大的针织羊毛衫。除了参加重要会议外，她一直穿着它。没过多久，一个传闻到处流转。据说，关于这种"舒服的毛衫"，专门开设有一家网站。如果穿这种毛衫的人以粗暴的言辞对待了谁，那么这个人就有权访问这家网站。后来，访问这家网站的人发现，网站上只是一些照片，照片上的人穿着毛衫，摆出各种姿势。这些人中包括公司的 CEO、安全负责人、邮政人员以及这位女高管的多数直接下属。了解到有这样一个网站存在，女高管的受害者们获得了一件无形的铠甲——笑声和团结可以成为一种出色的防御手段。

思考题

● 对于那些业绩突出、但不认同公司价值观的人，公司是否对其行为视而不见呢？

● 你所在公司中某些人（包括你）是否爱出风头呢？

有否其他行为模式可以描绘这些人的特征呢？

● 你所在公司中是否有什么人表现得过于自信，对来自他人的批评、建议不屑一顾呢？

● 对于那些感觉自己出众并在行为上有相应表现的人，你的公司有什么制衡机制吗？

● 在你的公司里是否有向领导谏言者——那些准备把令人不悦的事情告知领导的人？这种行为是你们公司文化的一个基本组成部分吗？

— 3 —

为什么是他们，而不是我？
如何应对嫉妒心

法比耶娜是一家全球性医药公司的品控副总裁。她臭名昭著，因为她表达负面情绪的方式很恶劣。她因生气而变得暴躁的时候，就会贬低别人，嫉妒别人在公司获得的职位，轻视别人的智慧，从来不认可别人取得的成绩。别人取得成功的时候，她从不掩饰自己的愤愤不平。如果别人反感她的态度，她就会还击，为自己的行为找到合理性，把它变成"理性行为"。

不出所料，公司内外对法比耶娜怨声载道。她为自己积攒的是一个具有破坏性的名声。嫉妒毒害着她的生活，为了控制自己的嫉妒心，她进行"自救"：酗酒和吸毒。结果，她让自己的名声雪上加霜。最终，公司实在无法容忍，将她开除了——这是法比耶娜五年内第二次被开除。

你遇到过嫉妒心昭昭、让你感到不快的人吗？心存嫉妒的人的言论或行为是否让你感觉受到了威胁呢？或许，你觉得不安，因为你对法比耶娜并不陌生：你自己是否也有嫉妒的问题？别人取得成就，是否让你觉得困扰呢？

心理分析学家卡尔·荣格会指出你存在着"阴暗面"。阴暗面指的是我们心灵中隐而未见、受到抑制的部分，我们拒绝承认该部分的存在。嫉妒会蒙蔽人的洞察力、不断削弱人的自我意识、将人际交往复杂化，对社交环境造成毁灭性的影响。

嫉妒意味着以不赞赏或者憎恶的眼光看待另一个人。它指的是对某人的福事感到不快——别人失败时则感到愉快。这是我们最阴暗的一种情绪，是一个令人痛苦的混合物质，由自卑、敌意和愤恨组成。当我们眼见别人获得了我们所渴望的，这种阴暗的情绪就会出现，让我们不自觉地要去毁掉我们垂涎的东西。

嫉妒成为传统的"七宗罪"之一，必有其原因。它的破坏力可以蒙蔽我们的判断力、毁掉人和人之间的关系。除了那种叫作"幸灾乐祸"（因所嫉妒的人发生不幸而快乐）的扭曲的快乐外，这宗罪不会带给"罪人"别的快乐。

羞愧和内疚天生与嫉妒心相伴。它们加深了嫉妒所带来的痛苦，但同时也促使我们想方设法隐藏嫉妒心。如此，嫉妒心成了一个难以认定和解决的问题。

实际上，避免产生嫉妒心是不可能的。总会有什么人得到了我们渴慕的东西。从这个角度来说，嫉妒是人类不可避免的一种体验。在某些情况下，嫉妒心甚至是美好的事物。我们非常钦佩某个人，希望成为那样的人，这个时候，嫉妒心就是具有"建设性的"。嫉妒心反映的是一种未实现的愿望，因而可以成为一股强大的驱动力。

然而，嫉妒心在多数情况下是具有破坏性的。觉得别人得到了我们期盼的东西，这种感觉如果挥之不去，就会发生社会性比较，从而影响我们的自我印象。我们感到有欠缺、不满意和不充分，于是，对那些我们认为成功的人，我们就会心生怨恨，因为他们有钱、有权、有地位、有美貌、有好运，或者有快乐。嫉妒心让人心痛，带给人深深的痛苦。嫉妒有损人和人之间的关系，会瓦解团队，影响公司的业绩。它还会伤害嫉妒者本人。几种心理失调的状况都与嫉妒心有关，比如：人际关系不佳、自卑、抑郁、焦虑、易怒，甚至是犯罪。

尽管如此，希望依稀尚存。如果我们转变认知角度，把我们的关注点调整到如何知足常乐上，那么，嫉妒心是完全可控的。

我们再看法比耶娜的例子。由于她态度恶劣，在先后不长的时间内已两次被公司扫地出门，这样的"警钟"不可能不让她警醒。她不得不承认，嫉妒心影响着她的身心健康。她的朋友为数不多，在其中一位的鼓励下，她决定向经理人教练求助。

一旦做出了决定，法比耶娜发现，谈论自己的嫉妒心比想象的容易。她向经理人教练告白：她情不自禁地拿自己与别人比较，总是觉得受到了亏欠。在过去的生活中，她觉得她获得的是棒棒糖吮到最后剩下的黏糊糊的那一点儿，而其他人所拥有的那些能力、美德、价值观和特点正是她想要的。那些被她视为对手的人，会一直让她感到烦忧，她逐渐变得气恼，对那些人怀恨在心。她知道自己是个"捣乱分子"，她承认，不停地捣乱会让她感觉好些，直到羞愧和内疚感袭上心头。她还嫉妒她丈夫的事业发展，丈夫落败比丈夫的成功更能让她感到快乐，由此影响了他们的婚姻。庆祝朋友们的好事，也让她愤愤不平。朋友晋升、结婚、诞子、迁居，都会带给她深深的苦楚。她其实不想说那些扫兴的话，然而她不能自已。

法比耶娜并不愚蠢。她知道她的毒性行为毒害着自己。她不想成为这样的人，但是又没有办法自我改善。对于任何被她视为"竞争对手"的人，她必要"除之"而后快。她囿于这种状态之中，没有精力再做其他事情。

一开始，教练鼓励法比耶娜用心省察自己的思想，花些时间弄清楚自己的想法是否带有嫉妒成分，以此来控制自己的嫉妒心。重要的是，法比耶娜要控制和修正自己的思维过程，把嫉妒心控制在最低程度上，避免其变得不可收拾。

这样的练习帮助法比耶娜弄清楚是什么原因日益让她变得不快乐。她深深地意识到，她嫉妒自己的妹妹，她认为妹妹是妈妈最宠爱的女儿。她了解到，这个亲情关系是她发生问题的核心缘由。在这个基础上，在她的生活中出现了太多的"被宠爱的妹妹"。从很多方面来说，她这个案例非常经典。嫉妒心是从家庭中的攀比遗留下来的。基本上，嫉妒者坚持认为：与其他家庭成员相比，自己遭受了不公平的待遇。显而易见，身体、智力或情感的任何欠缺都强化了这种自卑感。

基于这样的深刻认识，教练帮助法比耶娜调整关注点，转而关注来自家庭的正面影响，而不是负面影响。过去，她和妹妹曾互相讲述了很多美好的经历。捕捉到这些记忆，就是向着构建更加平衡、健康的思维迈出了一步。

随着辅导课程的深入，法比耶娜学会了控制自己的思维倾向，避免不自觉地认为在任何情形下自己都遭受了不公。对于别人所具有的那些优点，她不再觉得不公平，不再为其所困，学会了欣赏和培养自己的良好特质。她不再强调说，因为别人的素质差，所以她的嫉妒心是合情合理的。别人成功时，她也不再感到困扰。她把精力放在自我提升上，而不是贬低别人上。她对自己更加宽容。自信让她振作起来，将她的事业稳稳地推上正轨，同时，她开始重建与家人和朋友的关系。

思考题

● 在你的生活中，嫉妒是否成为一种常态？你是否知道你的嫉妒心缘何而起？

● 在什么情况下你感觉（最）嫉妒？

● 为了消除自己的嫉妒心，你是怎么做的（如果做了的话）？

● 你公司里的人是否会因为别人的嫉妒而退缩？

● （当你感到嫉妒的时候）你是否能够认真审视一下自己的优点和成绩？

● 你公司是否有一种文化，人们愿意分享自己的成就，而不将其视为零和游戏？

● 你是否准备好提高自我，而不是贬低别人？

— 4 —

给我，给我，给我

贪婪综合征

帕维尔觉得这一天过得很愉快。在瑞乐尔公司最近召开的董事会会议上，他设法推动通过了一项价值 2000 万美元的工资和奖金方案。令他非常高兴的是，他作为 CEO 的收入，与普通员工的收入之比现在达到了 400∶1。但是，尽管他的薪酬方案令人敬畏，令他小有遗憾的是，其他上市公司的同行的收入比他高。不过，他有希望超越他们。他还有其他增项。他购买了最先进的湾流商务机，这让他感觉更为舒爽——至少目前如此。瑞乐尔公司还付款为他购买了位于纽约的顶层公寓。除了这些"横财"以外，他可报销的项目也非常可观。按照他所设置的规定，他可以无限次地报销很多私人物品的支出，其中包括去年夏天 20000 美元的游艇租金。

尽管已经有了这些奢侈品和额外津贴，帕维尔依然不断发问：自己在工作上投入了那么多心血，是不是应该获得更多？想到自己为公司做出了那么大的贡献，他觉得自己在收入上受到了不公正的对待。这是一种常见的感觉。再有，他还没进入十亿美元俱乐部，如何才能实现这个具有里程碑意义的目标呢？

俗话说，天有不测风云。在一场有关收购报价（帕维尔准备从中大捞一笔）的热烈讨论中，帕维尔突发脑出血。在呼吸机的帮助下，他短暂地维持了一段生命，但最终还是死去了，他那颗贪得无厌的心也随之停止了跳动。对于帕维尔来说，没有钱的生命似乎永远是可笑的，但是，有钱而没有了生命，金钱就变得毫无意义。这就是贪婪综合征的代价。

帕维尔是贪婪和无度一个很好的反面教材，而贪婪和无度恰恰是很多经理人的特征。贪婪这种特性，与人类多数的努力相悖；自从人类这个种群开始存在，贪婪便随之而来。但是，在整个人类历史中，人们对贪婪有着不同的看法。哲学家苦苦思索的一个问题是，一个社会对贪婪有多大的容忍度。尽管贪婪被誉为经济增长和人类进步的发动机，但是，无节制的贪婪一直被视为很多痛苦的根源，近代经济史已经非常清楚地证明了这一点。尽管有前车之鉴，但是我们人类的文化依然高度重视物质主义。引申开来，物质主义即为贪婪。所幸的是，对于贪婪无度，已经出现了一些明确的警示信号。

过度的利己主义行为是贪婪者送给我们的第一份"赠品"。这种行为的典型代表是埃比尼泽·斯克鲁奇，他是查尔斯·狄更斯的小说《圣诞颂歌》中的"反英雄"。他是一名吝啬、贪婪的商人。在他生活的字典里，没有善意、同情、宽容或仁慈这些词语。贪婪的人常挂在嘴边的是"我，我，我"，他们极少关注他人的需要和感受。

嫉妒是辨别贪婪者的另一条线索。嫉妒和贪婪如同双胞胎。如果贪婪被定义为过度的占有欲（比如对于财富和权力的占有欲），那么嫉妒则被定义为希望取得他人所有物的极端欲望。嫉妒比贪婪更进一步，致使贪婪的人产生一种获得他人所有物的强烈欲望。

对于同理心这一概念，贪婪的人十分抵制。关心，指的是关注他人的感受，但贪婪者的大脑不会发出这一指令。他们很难与别人的感受产生共鸣；给别人造成痛苦的时候，他们也很少会心灵不安。他们是很难交往的人，因为：他们缺乏同理心；他们对别人的思想和感受缺乏真正的兴趣；当问题未能成功解决的时候，他们不愿对其行为和行动承担责任。

对于贪婪的人来说，生活在尘世是一场零和游戏。他们并不想着把蛋糕做大，让所有人分享；在他们眼中，蛋糕的大小恒定不变。他们不打算分享，他们总是希望拿到最大的一块。他们永不餍足。他们认为自己理应获得更多，即便以牺牲别人的利益为代价，也合情合理。此外，他们还是恩将仇报的人。

贪婪的人也很善于抢夺别人的功劳。他们善于把自己的贡献最大化，将别人的贡献最小化。他们擅长玩弄手腕。他们能够表现得迷人可爱，但是他们的真正目标是笼络人心，让人们服务于他们的那个自我。然而，作为"索取者"（而非"给予者"），不论他们做什么，他们的热情都不会维持多久。

短期化是另外一个警示信号。贪婪的人关注的是如何满足眼前需要。贪婪驱使他们不择手段地取得他们认为应当属于他们的东西，他们为此不计后果，也不在乎别人会为此承担什么样的责任。如果他们是公司的领导，他们更关心的是获得奖金，而不是为未来的创新进行投资；他们也不会与下属员工分享所取得的收益。

最后，贪婪的人不善于为自己设定界限。在追求物质利益的过程中，他们欲壑难填。为了达到目标，他们会牺牲道德和伦理，包括使用欺骗的手段。为了满足私利，他们会寻找漏洞，或者想出聪明的办法，来对付规范此类行为的现行条例和规定。

在与贪婪的经理人相处的长期实践中，我了解到，虽然贪婪会导致愚蠢的决定，但福祸相倚，并不一定是坏事。个人遇到严重挫折，往往表明此人正在经历着一个自我毁灭的过程，由此为贪婪者能够实现转变创造了切入点。健康问题或者严峻的人与人的关系问题，也能够促使他们面对自己的贪婪无度。

为了推动自己实现转变，贪婪者或许应进行一场探索之旅（也许应在教练或治疗师的陪伴下），发现导致自己痴迷财富的原因，而这些原因是自己未曾意识到的。这意味着，我们应该探究儿时的经历，儿时的经历致使他们产生了现在的行为。他们应该解决那些悬而未决的冲突，处理压抑的情绪和愤怒，实现未竟的梦想，并应对导致他们行为无度的各种因素。这还意味着，要能够辨别什么是生活中至关重要的东西，包括爱、亲密的情感、无条件接纳（和自我接纳），以及令人满意的"富足的"关系。一旦他们开启这样一场全面的探索之旅，其中有些人就会明白，痴迷于财富永远不会带给他们梦寐以求的成就感。

重要的是，贪婪者应意识到，他们可以做出选择。他们可以静下心来自问，除了跟从着贪婪之念一心获取之外，还有没有其他选择。患有贪婪综合征的人要努力找到办法，让自己实现从利己向利他的转变。他们要从切身的经历中认识到：善意胜于贪婪；只有善于给予，自己才能变得富有。在向利他转变的道路上，需要毅力、耐心、谦逊、勇气和守诺。如果不这样做，将受到惩罚，付出高昂的代价。帕维尔的例子就是前车之鉴。

还有一个更重要的问题，我们应该自问：如何才能改变一个如此痴迷获取和奢欲的社会呢？哲学家亚瑟·叔本华曾说过："财富如同海水，饮得越多，渴得越甚。"如果我们学会了如何克服贪婪，我们就有可能找到更简单、更有意义、更有幸福感，并最终更富有的生活。

思考题

● 你是否发现考虑别人的需要是很难的一件事情？你是否心中总是装着自己的需要？

● 你是否回报别人为你的付出？别人是否指责你利己？

● 你是否总是觉得你所得不够，应该获得更多、应该享受特别待遇？你是否会寻找漏洞，力求在任何情况下都取得最佳结果？

● 你是否把你所做的每一件事情都视为零和游戏？

● 你是否更倾向于拆别人的台，而不是添砖加瓦？你是否因为这样做而感觉更好？

● 你是否是"创可贴"类型的人，总是注重短期、便利的解决办法？还是说你会以更宏观的视角看待问题，力求采用费力但妥善的解决办法？

— 5 —

同情超级富豪?
富贵病的糟糕案例

在我的职业经历中，遇到了很多极其富有的人，他们患有富贵病，或叫财富疲劳综合征，其主要症候是无止无休地追求金钱、财产、形象（自身的和社会的）等功利以及名望——此外还有痛苦，这听起来有些荒谬。聚敛财富、挥金如土未能让这些富贵病患者高兴起来。事实上，他们经受着一系列心理障碍的折磨，包括孤独感和深度苦恼。富贵病典型的症状是工作狂、抑郁、缺乏动力、短促的满足感、无法忍受挫折以及对权力的错误认识。

彼得是一位非常成功的企业家，但他在生活之初并不顺遂。当彼得只有五岁的时候，父亲离开了家庭，此后再未向他母亲提供任何经济支持。所幸的是，他的外祖父——一位万事通——看好他这个小男孩，鼓励他创业。

当他三十出头的时候，彼得已经变得（通常所说的）富得流油。他赚的钱几辈子都花不完。

于是他开始花钱。他买了房子、车子、游艇和飞机。然而，这一切就像是玩具：玩儿过一段时间以后，他便失去了兴趣，转而寻找其他东西，继续花钱购买。欲壑难填——不论是金钱还是用金钱所购买到的，都不能令他满足。他如同吸毒成瘾了一样。每次购买满足了他的购买欲——但同时他又需要赚取更多的钱去购买更多的东西。对金钱如此狂热的追求，其动机是为了掩盖无聊或抑郁，这无疑是彼得的问题所在。

女人是彼得要"购买"的另一种商品。很多女人迷恋于他的财富，他的婚外情接二连三。最终他抛弃了发妻，拜倒在一位更年轻的女人的石榴裙下。这第一次"闪离"结果证明代价非常高昂。彼得结婚（离婚）三次以后，他认定结婚不适合他。三桩婚姻过后，留下的是一团糟：前妻们痛苦不堪，孩子们不幸福。这些让他感到更加痛苦。

钱当然重要，说钱不重要那是假话。所有人都需要基本数量的钱来维持日常生计。然而，如果我们像彼得那样，无论挣到多少钱都永不满足，那么，钱也会成为拖累。虽然那些患富贵病的人会拿收入、财产、形象和名气来标榜自己，但是，具有讽刺意味的是，拥有了这些反倒让他们比以往更加痛苦。他们与周边那些人的关系是真诚的，还是依附性质的？他们的魅力是来自他们自身还是来自他们的身家？

我与很多金钱至上的经理人相处过，我也目睹了豪富的阴暗面。有一个人曾一本正经地问我："如果金钱不能激起旁人的嫉妒和恐惧，那它还有什么用呢？"人们大把赚钱的一个深层动机是想引起别人的嫉妒。可以预期，这种行为就像斗牛士的披风，让受到刺激者展现出最糟的一面。但是，很多人似乎宁愿被别人嫉妒，也不愿受人怜悯。如果金钱不能为你买来朋友，但它至少可以为你带来一班身处更高阶层的敌人。

如果《福布斯》年度全球富豪榜可信的话，那么，其上面展示的巨额财富数字就是激起人们艳羡的一个理想途径。登上这个榜单——众多自恋者追求之旅的终点——即使算不上非常高雅，但至少也是一个非常有效的博取他人钦佩（或嫉妒）的方式。对于很多超级富豪来说，如果发现自己未能在《福布斯》富豪榜上亮相，那不仅是个人的一次惨败，而且还会带来一项终极挑战。而那些已经跻身榜单的人则能找到理由自虐：排名够高吗？世界上除了万人之巅的那个人之外，其他人前面总会有人排名高于自己。就算登上了第一的位置，所带来的也只是有限的满足感；没有人会永远据守第一，所以，富豪榜每年都要重新发布。

众所周知，生活贫困会影响孩子的身心成长；但是，我听到的那些故事似乎显示，在豪富的环境中生活，对超级富豪孩子的健康成长也是不利的。其中一个典型情况是：超级富豪父母整日忙于聚敛和管理财富，为补偿自己照顾孩子的缺位，就给孩子买礼物、赠钱款；本质上，以金钱替代了爱。但孩子们需要的是父母的陪伴，而不是礼物。在这种模式下抚养起来的孩子，对于仅起监管作用的父母，通常会产成一种矛盾的情感：由于没有坚实的感情基础，他们无法确定父母是否真的在乎自己。父母对自己所做的，是否仅是父母出于财富的原因而做的事情之一呢？结果，会导致孩子产生抑郁和不安全感，从孩童时代一直持续到成年。

另外一个复杂后果是人们发现难于与富家孩子相处，因为这些孩子的成长经历让他们对其余人的生活知之甚少。

下述两个因素加剧了他们建立有效关系的难度：他们自身对现实世界的无知，别人与他们沟通的不适感。当我们多数人兴高采烈地唱着披头士乐队的歌曲《金钱买不来我的爱》的时候，一些富家孩子则在肆意购物。

那么，彼得该怎么办呢？他相继抛弃了几个家庭，三次离婚后，茫然不知所向；他的车库里停满了豪车，手中握有令人瞠目的昂贵的房地产投资组合。敛财和永不餍足的恶性循环让他付出的代价非金钱可以计量，他该如何打破这个恶性循环呢？他怎样才能改变自己的行为呢？尽管彼得视追求财富为通往自由的道路——缘起于他儿时的经历——但是在这条道路上他把自己变成了敛财的奴隶。追求财富已经让他失掉了生活的根本。他没有去建立人际关系以及注重自己的身心健康，而是泡在办公室里直至深夜，做自己不喜欢的事情，买自己不需要的东西，努力在那些他并不真正在乎的人的心中留下好印象。

彼得需要明白的是，治愈富贵病的唯一良方是开始回馈。归根结底，带给我们持久幸福的不是我们有什么，而是我们做了什么。如果他能调整他的关注重心，认识到他可以为别人，而不是为自己做些什么，他的生活质量就会开始改善。作为非常富有的人，关注重心的改变会伴随着形成高度的利他主义思想；他有办法让自己实现真正的大变样。很多研究显示，利他行为有助于我们情感的康乐，可以显著地增强我们内心的平静感。利他行为，不论大小，会带给我们满足感和成就感。善举和愉悦之间具有很大的关联性。给予对于我们身心健康都是有好处的。我们给予别人，别人就会亲近我们一些，我们也会亲近对方一些。

有一部电影，一直被票选为最优秀的电影之一，名叫《公民凯恩》。电影描写了超级富豪查尔斯·福斯特·凯恩的故事。凯恩这个人物的原型是美国报业大亨威廉·蓝道夫·赫斯特。影片跟随着凯恩的发迹和后来的衰败展开情节。最后，在他那拥有惊人财富的宅邸中，口中喃喃念着神秘的"玫瑰花蕾"几个字，他独自死去了。电影的主线是一名记者试图揭开这几个字的含义，但徒劳无功。最后，我们发现，即使凯恩有那么多的财富，但长留在凯恩记忆中的，是儿时某一天他一直在玩儿的一只雪橇。就在那天，他不情愿地被妈妈送去上学。"玫瑰花蕾"是印在雪橇上的名字。在影片结尾，我们看到那只雪橇被抛入了篝火。

所幸的是，彼得不会走向凯恩那样的结局。凯恩认识到了他为苦恼所付出的代价，但为时已晚，已无力回天。在正确的引导下，彼得能够学会珍视友谊、家庭亲情等无形的东西，学会从生活琐事中寻得快乐，学会从给予中获得真正的满足感。

思考题

● 身外之物（名誉、金钱、财产）对你来说很重要吗？

● 聚敛财富的行为是否成了你的抗抑郁良药？聚敛财富让你（暂时地）感觉更好了吗？

● 你聚敛财富是否永不满足？你是否贪得无厌？

● 你是否想过改变你的生活方式？你是否想过通过其他途径让你感觉更好？

● 你是否愿意接受这样的认识：拥有更多不一定更好？

● 你是否曾做出努力给予他人，而不是把时间花在不断的购买上——只给予自己？

— 6 —

那不是我的错
否认主义的问题

史蒂夫做了充分准备，然后告诉他的老板汤姆说，对方开除 IT 经理的决定铸下了大错。但他发现，自己这样做是在浪费时间。他的老板绝不会承认是自己的决定对公司造成了代价高昂的破坏性影响。目前的局面是：公司一片混乱、IT 部门最优秀的员工罢工、公司的关键业务运营被实施临时管制。然而，汤姆坚持否认他犯了错。人所共知，IT 部门一直存在问题，但大家同样知道，责任不在 IT 经理。问题出在公司的一家分包商——一家咨询公司，是汤姆决定使用的。但是，汤姆依然拒绝听取史蒂夫那些不得不说的话；尽管开除 IT 经理的后果严重，但汤姆仍然坚称自己做出了正确的决定。他声称，IT 经理从来就不称职，他应该更早就开除他。他认为，史蒂夫指出公司几乎已经陷入亏损，是夸大其词。实际上，史蒂夫应该为这一片混乱负责，因为是史蒂夫把 IT 经理介绍来的。

对于史蒂夫来说，眼下这场灾难让人确信，汤姆存在着一种行为模式。汤姆会做出十分明显的错误决定，这已是家常便饭了。但是，每每面对铁的事实，汤姆一概否认自己有任何责任。最近，他们两位就环境污染进行了深入谈论。他们公司的一家工厂生产甲烷、氨气和其他有毒物质。这些产品危害健康，影响空气质量。史蒂夫认为，是时候解决污染的问题了。而汤姆则认为，什么都不要做。他固守他的立场，认为全球变暖没有可靠的科学依据。同时，公司不良的环境记录的问题，在媒体上被讨论得沸沸扬扬，严重损害了公司的声誉。

最终，汤姆的否认主义的做法在一次董事会特别会议上遭到痛击。表面上，召开此次会议是因为 IT 部门的问题，但是媒体对公司是污染源的不良报道，实则是会议召开的触发点。全体董事一致决定通过不信任动议，要求汤姆辞职，没有别的选择。之后，当被问及如何评论董事会上发生的这一切的时候，汤姆指责一名董事和一些人搞阴谋诡计，这些人喜欢诋毁他人人格；他一直受到完全不公平的对待；他是正确的。

我们随处都能遇到否认主义者，在生活的各个阶层都存在。根据《牛津英语字典》的解释，否认主义者指的是"拒绝承认某一个被多数科学或历史证据所证实的概念或命题的真实性的人"。这是一个很大的群体，包括：上帝论者（"拒绝接受进化论"）、大屠杀否认者（"不存在灭绝犹太人的政策和灭绝集中营"）、烟草公司的 CEO（"吸烟与肺癌没有关系"）、怀疑艾滋病治疗方法的前南非总统塔博·姆贝基（"抗逆转录病毒药物无效"）、众多银行 CEO（"我们不知道存在着流氓交易"）、罗马天主教会（"我们的牧师中从来没有恋童癖者"）以及否认气候变化者（"气候变化与人类活动无关"）。

尽管存在着确凿的相反证据，但是，是什么促使否认主义者坚持他们的信念体系或某些理念呢？是什么让他们对现实视而不见呢？回答是，他们拥有着可畏的、根深蒂固的心理防御机制。

防御机制是复杂的认知或情感过程，可以让我们保持心理平衡，免受焦虑或冲突的影响，在心烦意乱的情况下就会被触发。否认是人类最常见、最习惯性的防御机制之一。短时期的否认是有帮助的，在此过程中，让我们获得了心理空间，可以不自觉地处理烦恼信息。但长期来看，否认主义的做法很艰难，要耗费大量的脑力活动才能维持否认的状态。这就解释了，人们为什么在面对铁的事实、已被证明是错误的情况下，依然拒绝改变主意；这还解释了，即使达到荒谬的程度，人们还是要尽其所能证明自己是正确的。

我们通常从人类个体的层面上来看待否认主义（否认瘾癖、精神健康问题、关系问题等），但在更广泛的社会背景下，也存在着否认主义。从更大的范围来看，否认主义的主因在于我们倾向于接受另外的叙述内容——意识形态的、政治的、宗教教理的——而不是真相。另一个原因是人们不愿承认，在其所属群体的历史上存在着不体面的事件或创伤。这方面的例子包括：土耳其政府否认奥斯曼帝国对亚美尼亚人进行种族灭绝、日本政府发布关于二战时期存在"慰安妇"（性奴）的免责声明、美国政府一直拒绝限枪以及很多社会否认存在种族问题。

在汤姆的案例中，我们可以假定，汤姆出于自我保护的原因，拒绝接受公司中所发生一切的真相，即使在被解雇以后依然如此。他仍然否认应在 IT 部门的灾难事件中承担责任，继续为否认气候改变进行辩护，依然把公司出现的问题归咎于他人和他不可控制的因素。在他回答有关被解雇的提问的过程中，体现出否认主义另外两个突出特点：怀疑他人、相信阴谋。

否认主义在人类的心灵中如此根深蒂固，我们该如何应对？我们如何识别否认主义？我们应当如何管理和规劝否认主义者？

在社会层面上，奇幻思维难以改变。有的时候，只有经历严重的危机，否认主义者才能从错觉中被摇醒。当前针对气候变化的交锋就是这方面一个合适的例子。比之全球变暖，在个体层面上解决否认主义的问题或许更简单，其过程也不那么剧烈。

第一步是要弄清楚这个防御机制何时发挥作用。一个明确的警告信号是反复发生负面体验，比如，出现一系列有害的关系、成瘾行为产生副作用等。但是，促使否认主义者接受这些警告信号是比较困难的，因为这些信号触及了他们的认同感。否认主义是一种自适应的、创造性的策略，可以帮助人们保持心智健康、维持自我意识和世界观的完整性。因此，当我们试图改变这些认知框架的时候，可以预期，会遭遇对方强烈的情感抵制，尤其当对方不喜欢我们所呈现给他们的那个现实的时候。

以直接摆"事实"的方式应对否认主义者，只会让他们加强防御。相反，要因势利导。为了取得切实的效果，我们需要大量采取心理柔道的办法。提出温和、开放性的问题，或者以舒缓的方式提示对方某些事实，都可以促使对方走上反思之路，变得愿意面对并不令人愉快的各种现实。然而，只有否认主义者本人能够让自己走下否认的道路，而要做到这一点，否认主义者需要对现实做出审慎的选择。

在否认主义萌芽阶段予以扼制，这是最理想的。一个明智的做法是，我们要与那些与我们观点不同的人为伍，让他们质疑我们的意见和设想。我们应注意不要仅与志同道合者交往，所有人身边时常需要有可以唱反调的人存在。但是，值得商榷的是，类似汤姆这样的人是否会接受来自不同观点的挑战。

思考题

● 你是否很容易就能信奉那些意在压制真相的阴谋

理论?

●你是否经常将自己看成弱势的一方，与那些推行险恶议程的"败坏"精英做斗争?

●是否有人指责你"摘樱桃"，即选择性地采用信息来证明观点? 别人是否暗示你更喜欢编造的信息，而不是确凿的事实?

●当面对不愿面对的真相时，你是否会情不自禁地释放烟幕?

●与同你意见相左的人讨论时，你是否愿意重新考虑你正在使用的信息的来源?

●对于你固守某一观点的原因，你是否愿意从情绪的角度来反思，并进而探究背后深层次的问题?

― 7 ―

做到正常，很难
心理健康问题

　　从心理健康的角度来说，什么是"正常"呢？正常的行为指的是正常人进行的行为吗？我们应该渴求正常吗？感觉不正常是正常的吗？我们发现自己与众不同，正常吗？

　　正常是一个主观的、相对的概念：对于别人来说是正常的，对我来说可能是很不正常的。反之，一个人认为怪异的，另一个人可能认为很正常。从另一方面看，我曾偶然听到有人说："我不做正常的事。我得维护我的名声。"她在想什么？

　　正常是否意味着要符合精神病学家手册——《精神障碍诊断与统计手册》的具体标准呢？正常是否有一个统计规范呢？是否意味着每个正常的人实际上都刚好处于平均水准呢？我个人的观点与此恰恰相反。从长期的经验中我认识到，如果深入地了解，你会发现每个人都是正常的。在"正常"的背后隐藏着的，就算不是悲剧性的东西，也往往是彻头彻尾的怪异。我们每个人多少都有些疯狂。有些时候，我发觉自己在想："正常"的人才是我们中间最奇怪的人。

在日常情境下，人们依照自己心目中为正常所设定的行为基准来判断什么是正常。通常，如果你的目标是成为正常人，那么你就要知道正常人的行为是怎样的。可事实上，正常这种东西并不存在。或者换句话说：所谓正常，就是我们以混乱的、矛盾的方式度过一生。

让我们从相反的方向来探讨这个难题，并且提问：什么是不正常？虽然我们每个人心中对正常都有一个认识，但是，如果我们离开各自的舒适区，那么我们所定义的正常的概念就将面临挑战。曾经认为是正常的，可能突然之间就觉得或被视为是不正常的。我们天然地会寻求外在世界和内在世界在认知和情感上的统一。一旦出现不统一，多数人或者试图接受，或者对自己否认说，他们感觉不正常。但是，这种自我强加的对于正常的认识会引起众多的心理问题。

在试图融入职场环境的过程中，情况也不例外。公司中多数人都希望表现得正常，尤其是那些高管。他们受到的关注度很高，不希望别人看到他们奇怪的内心世界。

卡琳是一名高管。在她整个职业生涯中，她一直有意识地努力让自己融入所供职的企业。在给人的第一印象中，她似乎是一位正常的已婚女性，从事着一份正常的工作，在一个正常的郊区地带过着正常的生活。然而，每当夜幕降临，情况则大相径庭。卡琳似乎具有两种不同的人格面具，两个不同的人轮流占据着她的身体。她像一只天鹅，水面上的她安详而优雅；而水下的她，她觉得依然是只丑小鸭，拼命地划水，以维持那种幻觉。

为了显得自己正常，卡琳竭力掩饰对自己的怀疑。工作中，她身穿意大利套装，俨然是一位正常的私募股权银行业人士。然而，工作时间之外的她则变成了野性摇滚少女。她喜欢下身穿紧身牛仔裤、上身穿丝绸T恤衫，外套一件皮夹克。她抽大麻。不论碰巧去了哪座城市，她都约上男人或女人，在时尚酒吧里打发掉大部分时间。当她把另一个自我释放出来的时候，她的生命似乎运行在一种自我诱导的催眠状态中。

可以预见，在这两个版本的正常之间杂耍般地转换，卡琳生活得很辛苦。她觉得自己就像一个活的矛盾体，距离心理内爆仅一步之遥。这两个版本在卡琳的内心世界交叠着、表演着。她是一位富有进取心的银行业者，工作出色。她的专业才能很大一部分源于她急躁、喜欢冒险的性格。但是她甚至对自己都无法承认这一点。所以，这两种正常在卡琳的内心斗争着，争夺支配地位。这令卡琳感觉自己没有一个地方是正常的，尽管她非常善于表现得正常。

她的婚姻遭受了重创。她丈夫发现有个男人发给她一封短信："美妙的一夜，待续。"卡琳感到内疚，但她的反应却很愤怒，说不知道这个人是谁，也不知道是怎么回事。一周后，她搬到一处公寓独自居住。她变得十分抑郁，工作起来很吃力。同事们发现了她工作中的问题，于是群起而攻之。经过严格的绩效评估，卡琳被解雇了。那天深夜，她把职业装脱在床的这一侧；在另一侧，是她的皮夹克。她感到，哪边的服装都不再适合她了。她认识到，她需要弄清楚，对于她来说什么是"正常"和"不正常"，她如何才能让一切开始好转。卡琳决定向治疗师咨询，帮助她理清混乱的生活。

结果证明这是一个漫长的过程。卡琳时常感到非常痛苦，但同时，这对于卡琳好奇和富于冒险的性格又很有吸引力，因此，卡琳也感到很愉快。她告诉治疗师："我现在发现，生活中我遇到的最有趣的人是……我！"一段时间以后，在她的双重角色——工作和爱中，卡琳感受到了正常是什么。在这个基础之上，她构建了新的生活。她的阴暗面为她加添了创造性的能量，她把这份能量应用到在一家小型投资银行谋得的新岗位上，大获成功。比她的同事——多数是男士——更"正常"，这一直是一个令卡琳难得其解的概念，但如今她明白了，稍稍"不同"实际上是自己的一份资产。她也开始与不睦的丈夫每个月共进几次晚餐。他们同意先朝着建立友谊的方向努力，然后再说以后的事情。

现在回到我最初的提问——什么是"正常"？——最佳的回答是：我们要自寻其解。虽然正常可能没有一个固定公式，但是更健康的人群确实具有一些共同的性格特点。其中包括稳定的认同感、更大的现实检验的能力以及成熟而非粗陋的防御机制。例如，他们对自己的行为承担责任，不会诿过他人。更健康的人不怕经受和探索人类的各种情感，知道如何管理自己的焦虑。重要的是，他们能够建立和维护亲密和具有性满足的关系。他们接受别人的帮助和建议。他们富有创造力和童心。最后一点，他们能够反思自己的行为及思考如何将其与自己的价值观和理想同步起来。

那么，就带出了下一个问题：如何才能达到这种水平的心理健康呢？经理人教练和心理治疗师会鼓励他们的客户重新评估他们的目标和动机，评估他们有哪些优点和缺点。他们会与客户一起努力，找出自毁性行为的原因和诱因。和卡琳一样，很多人发现，通过这样的帮助，他们最终认识到，了解自己比"装作正常"和回避令他们沮丧的事情更加有趣。

思考题

- 表现"正常"或"不正常"对你意味着什么？

- 你喜欢处于"正常"状态吗？或者，对你来说，"正常"是否意味着"普通"，而不是特别，就像其他所有人一样？

● 你把"不正常"视为坏事吗？你愿意或更喜欢融入群体吗？

● 你是否总感觉你出了什么问题？

● 你是否正在经历一些状况，它们妨碍了你在生活中的一些方面（工作、家庭、学校环境或者某些关系）正常地发挥作用？

● 你觉得你目前的容忍行为与你自身具有的容忍度有多大的差别？什么样的"不正常"行为对你来说是不可接受的？

● "正常"是否意味着从你的角度出发，你觉得你的言行是正常的？还是说，"正常"意味着符合社会标准？

— 8 —

并购的双骰子游戏
"结婚"是为了排遣寂寞

　　诺琳再一次思忖，到底哪儿出了问题。两年前，这项交易本来看似前景光明，可为什么一切又都变糟了？她不止一次强调说，这项并购有助于提升公司的竞争优势和市场支配力，能为双方公司的客户和股东创造巨大的价值。好处显而易见，人人都将获益。协同效应是她话语中的关键词。

　　现在，尽管痛苦，但是是该诚实以对的时候了。诺琳现在可以承认了，当初进行并购交易，还有未言明的驱动因素。当初，那家声誉卓著的投资银行和她接触的时候，她的事业正处于疲弱期。对于日复一日的重复工作，她腻烦得要命。进行并购谈判让她感觉自己又满血复活了。她任用的咨询公司也认为此项并购是天赐良机，提醒她说，如果她不主动出击，其他公司有可能捷足先登。一想到有可能错失良机，诺琳就忧心忡忡。显而易见，吃掉别人总比被别人吃掉好。吃豆人的比喻——一名投资银行家讲过的——依然话犹在耳。

并购过程举步维艰。对方公司认识到，并购从来就不是平等交易，因此决定依然保持独立。诺琳明白，多数并购就是几乎不加遮掩的接管。达成交易，需要反复角力和大量资金。并购完成后，诺琳感到很自豪，公司成为目前为止所属领域最大的一家企业。

然而，承诺的协同效应从未成真。咨询公司的分析被证明是不切实际的，很多假设存在缺欠。预期的规模经济和范围经济所产生的效率依然不见踪影。诺琳此时才认识到，她根本不知道她所面对的是一项什么样的工作。完成交易只是解答了方程式中最简单的部分，而让并购发挥作用则是真正的难点。由于并购后未制订过渡方案来实现快速推进，结果，在面对文化整合过程中的问题的时候，她不知所措。

事实变得一清二楚，诺琳预期并购后产生的协同效应被过度高估了。有太多的夸张和推测，而缺乏足够的深思熟虑。当然，还是有救场的办法的，比如裁员，这是当今的流行做法。但是，最近一项调查显示，该公司的员工士气处于历史最低时期。

当然，不是所有人都不高兴。很多人从并购中受益良多，包括投资银行、咨询公司和律师。但是诺琳认识到，他们的并购议事日程与她的大相径庭。显然，他们注重的是短期利益：完成交易后的财务收益，而不是并购之后一切是否正常推进。不过，她不能否认的是，她自身的收获还不赖。并购结束后，她收到一份丰厚的财务套餐。对方公司那位开朗的 CEO 也是类似的情形。然而公司股价跌至历史低位，股东们寝食难安。他们已经开始指责她做了一笔糟糕的财务交易。这令她十分紧张，担心自己的工作不保。回首过去，诺琳心生疑问：并购是否真的值得？

诺琳的担心是完全有道理的。据估计，50%—80%的并购并未给股东带来任何的增值。事实反复表明，多数收购都是彻底失败的。尤其是那种巨型收购案，失败的可能性最大。并购将两家摇摇欲坠的公司合并成一家更大的摇摇欲坠的公司，这种情形司空见惯。虽然从纸面上看，多数交易很棒，但沉浸在并购喜悦中的人们忘记了，困难会接踵而至的。看到这样晦暗的统计资料（将并购变成了某种双骰子游戏），你会问，为什么这样的交易还能达成呢？

之所以要进行并购游戏，一个关键的原因来自贪婪。总会有一些人试图从这样的交易中获取短期利益。合并之后，他们还可以继续从公司的重组、拆分和清算中赚钱。对于存有这种思维模式的人来说，即使协同效应仅是通过"解雇"降低成本的代名词，他们也不会感到烦心。至于前述这些操作所带来的人员和社会成本，则是他们最不担心的事情。

此外，比之改造陈旧的商务模式，并购被认为是一个更有吸引力的替代办法。达成并购交易可以补救公司规模发展的不足。并购还有另外一个普遍但未言明的原因，它与自我意识和厌倦有关：谁不想当老大呢？另外，日复一日的重复工作也令人厌倦。诺琳心中肯定时常萦绕着这两种感觉。

尽管统计资料让人扫兴，但并购依然会继续发生。怎么做才可以提高并购的成功率呢？有否什么具体做法或流程可以提高并购的成功率呢？

研究表明，同一行业两家公司的并购效果更好。另外，如果并购参与方有并购经验，那么成功的可能性会更大。毋庸置疑，善意（而不是恶意）收购的成功率更高。与诺琳的收购案发生的情况不同，双方公司的高管团队都应支持收购并买进公司股票。

弄清楚财务状况，也很重要。并购能否让各方都受益？能否让各方变得更强大、在市场上更有竞争力？除了财务状况之外，还须关注软数据。双方是否存在真正的战略匹配？是否进行过文化审计？并购会产生哪些认同问题？如何管理被视为"成功者"和"失败者"的问题？是否有充足的资源来管理这些流程？

成功并购需要并购参与方互相具有很高的信任度。如果双方表达了并购的意愿，那么，一个成熟的共同愿景会对并购的成功大有裨益。这个共同的愿景所构建的东西不仅更加宏大，而且还要更加美好。如果双方公司具有相得益彰的历史和相容的企业文化，那么成功的可能性也会更大。如果双方公司使用相同的语言（字面意义和比喻意义），理解和尊重对方的领导哲学，那么对并购也是有帮助的。

一旦决定并购，那么就应集中精力快速整合。根据我的经验，速度至关重要。悬而未决的时间拖得越长，员工的焦虑程度就越深。应公平而迅速地做出困难的决定。重申一下，信任——诺琳案例中所缺失的——将是解决困难问题的一个因素。根本的一点是，在并购博弈中被视为"失败者"的公司应能够保持自己的尊严。这意味着，在高管职位的分配上必须公平，这样可以吸引核心高管留任。

我发现，并购中组建一个高管特别小组很有帮助。小组由双方公司的核心成员组成，负责配置并购过渡小组，由并购过渡小组举行过渡或整合工作坊，帮助员工熟悉和参与并购流程。在这些工作坊上，员工能了解到并购的基本情况——未来公司的"梦想"、共同的认同、"游戏规则"、绩效目标、奖励制度以及规划的时间表。在全公司进行这些整合活动的过程中，高管们应带头垂范，说到做到。他们的行为务必要与正在组建的新公司的愿景和价值观保持一致。

对于两个公司的并购，人们这样描述：两个人为了挽救他们的婚姻，决定生个孩子；而两家公司为了挽救它们的财务，决定进行并购。但是，如同那样的婚姻一样，组建一家新公司未必就是解决之道。多数并购，虽然纸面上看起来十分美好（大多如此），但是真正付诸实施的时候，则是磕磕绊绊。只有在双方高度信任、企业文化相容并且拥有自主管理资源的情况下，并购才有可能前途光明。诺琳的案例表明，为了帮助自己评估实现协同效应的可能性，收购方常常需要解决信息和预见能力严重不足的问题。诺琳的故事告诉我们，在做出并购决策之前，对于交易各方做出的承诺需要进行大量的周密调查。鉴于这类交易少有真正成功的，所以，在做出交易决策前，应三思而后行。

思考题

• 在有机发展方面，你的公司表现如何？你公司的商务模式是否陈旧过时？你公司在创新方面做得是否到位？如果不到位，那么，这是否令人担忧呢？你公司是否面临着被收购的风险？

• 作为一名高管，你觉得你做的是一成不变的事情吗？你是否处于"自动驾驶"状态？你感到厌倦吗？

• 现在是否有投资银行和顾问鼓动你进行什么交易？这令你焦虑吗？

● 并购中遴选候选对象的时候，你对文化相容性方面考虑得有多深呢？

● 并购之后，你如何考虑分配高层职位？你是否担忧自己会出现"征服者"综合征，偏袒己方的高管？

● 你充分考虑了并购所带来的后续影响吗？你是否计划成立过渡小组推进整合工作？

● 你的沟通策略——你对整合后公司的愿景——以及你对变革过程的时间规划是怎么样的？

● 你计划如何解决人们的主要担忧——并购后是否还能保住"饭碗"呢？

— 9 —

团队还是后宫

"我，我，我" 式领导者

对于自己的处境，爱德华怒不可遏。事实上，他在自责。他在管理上经验丰富，但他自命不凡，结果被邀请加入了赛瑞尔公司的管理团队，担当财务副总裁一职。但是，他并未在这方面做足"功课"。他刚刚发现，一位与他关系密切的同事被任命了几乎一模一样的职位。

理所当然，爱德华向 CEO 提出了这个问题。CEO 平静地告诉他：职能上或许有重叠之处，但他们二者负责的领域是不同的。这样的解释无法让爱德华释然，他开始更加留意管理团队的其他成员。不久，他发现自己不是公司中唯一职责模糊的人。另外，有那么多人由 CEO 直接管理，也令他心烦。爱德华清楚，当团队数目达到两位数时，就意味着繁冗，而不是成效。情况看似不妙。

管理团队的会议更增添了他的忧虑。会议上很少或没有讨论，更像是信息发布会。虽然管理团队应是决策机构，但事实上它决策不畅、运行低效、力不从心。爱德华的同事们身在会议，心却在九霄云外。CEO 几乎一言堂，其他人即使开口说话，也仅是附和。在会议上，几乎一无所获——但是这不意味着没有什么在发生。

爱德华对各个团队颇有了解，一个想法突然出现在他的脑海：如果某个人懂团体动力学，那么面对赛瑞尔的管理团队，他会兴奋不已。团队中多数成员都已经想出了颇有创意的方法，借助隐晦、谨慎或中伤性的评论，回避处理真正的问题。资源配置是一个永恒的议事项目。关于谁该获得什么的问题主宰着每次会议，也解释了为什么存在着这样高度政治化的氛围。每个人都争先恐后地引起 CEO 的注意，他们把全部精力都耗费到博取 CEO 的欢心上。不出爱德华所料，多数决策都不是最佳的。

然而，令他惊异的是，尽管整个团队的效能明显低下，但却无人（包括他）打算离开。为什么不离开呢？是由于他们收入丰厚吗？他们都被"金手铐""铐住"了吗？当这个形象跃入脑海的时候，爱德华回忆起了什么。

几年前，在伊斯坦布尔，爱德华到访过位于托普卡帕宫的苏丹的后宫。现在他记起，后宫被描述为"金笼子"——女人们生活如此奢华，因此，即使她们本可以离开，但却鲜有人选择离去。不可否认，她们是囚徒。她们知道这一点，但是她们能向苏丹进言，她们是隐性的位高权重者。于是爱德华有了一个小小的顿悟：公司的 CEO 就是苏丹，他以及他的高管同僚们组成了他的后宫。公司中一切向 CEO "争宠"的把戏与苏丹后宫中的政治手腕别无二致。

越深入思考，爱德华愈加相信他已经弄清了 CEO 领导风格的本质。CEO 是赛瑞尔公司的苏丹。既然大家还有些用处，他为何要开除他们呢？由众多高管组成"后宫"，意味着，一旦某人烦透了，想离开，那么，他手中依然还有人员储备。他们都喜欢让老板听信自己，所以他相信，他需要的那些信息会源源不断地送进他的耳朵。事实上，鉴于他所构建的沟通方式，他已成为不可替代的团队领袖。将其他团队成员的岗位置于不稳定和模棱两可的境地，他就可以确保所有人争抢着获取他的关注。他控制了所有的人。公司中每一个人都会对他唯命是从。

但是，CEO 所宣称的他热衷于团队协作，该怎么看？每一周，他都会推荐一本书或一篇文章，内容是关于团队协作的组织优势。他是这种福音的传道者。爱德华明白，这仅仅是做做表面文章而已。或许，CEO 是自欺欺人吧？不管怎样，他的老板真正喜欢的是在他的高管"后宫"中耍弄苏丹的伎俩。而与此同时，公司也开始感受到这种怪异的组织设计所产生的代价。多数团队会议根本就是浪费时间。虽然无人敢言，但团队成员的疏远和涣散之感与日俱增。

从一名领导者的视角来看，采用"后宫"式的体系来运行公司，有其优点。作为一个社会结构，后宫方式是大男子主义者完美的期求。历史上，有了后宫，统治者就有了众多能够生儿育女和满足欲望的女人。作为回报，女人们可以享受到高度舒适的生活和良好的保护。当然，常常也会发生一个强有力的女人获得机会、成为苏丹背后的实际统治者的情况。

但是，后宫式领导对所有人来说都有其消极一面。后宫式领导者必须时刻提防别人篡夺他们的权力。爱德华注意到，后宫内部为获取资源而进行的激烈竞争，会耗费大量的精力。在赛瑞尔公司，这样的竞争导致决策异常艰辛，而决策的实施则不可预知和进展缓慢。维持后宫式领导体系，代价也十分高昂：职责重叠意味着重复支付薪酬；在赛瑞尔公司，为了阻止多数人质疑现状，薪酬支付绝对慷慨。那么，CEO 为何要建立这样一种组织结构呢？

根据我的经验，那些偏爱后宫式管理体系的领导者，都有自恋倾向，导致管理失灵。尽管他们给人充满魅力的印象，但实际情况却大相径庭。他们会操纵和利用他人为自身谋利。有可能成为管理团队成员的人最好能明白，他们签署聘书不是为了把自己囚入金笼子；他们要自问：要团队还是要后宫？

自恋的领导者既需要其下属盲目、无条件地服从，也需要下属的崇拜。他们一定要成为关注的焦点，需要被另眼看待。他们所具有的权力意识，意味着他们傲慢、自大，盛气凌人。他们主导任何交谈，认为自己知晓多数问题的答案。与他们被关注的需求执手相伴的，是他们对于别人如何看待自己超级敏感。任何胆敢批评或质疑其行为的人，很快就会变成"敌人"。

在赛瑞尔，公司的情况在退步，而不是在前进。爱德华思忖，自己是否真的值得在老板的后宫中维持一席之地。虽然获得了特权，但代价过高。CEO 时常对他投以些许关注，奉承他，暗示他在公司前途远大。但是现在，爱德华头脑中灵光乍现，明白了他的老板是把他和其他管理团队成员置于被奴役的状态。既然他们的影响力如此孱弱，那么谁能够影响 CEO 呢？在 CEO "宝座"的后面藏着一个影子式的影响人物吗？

团队并非所有问题的答案，也并非总能使公司高效运行。有很多事情远非团队可以做到。大量研究表明，在人们所宣称的团队带来的利益中，很多只是人们的想象，而非事实。有太多的团队在浪费时间和资源，一个运转不佳的团队可以在整个公司范围内创造出毒性环境。

将个体性格相异的一群人转变成整体协调、富有成效的工作团组也是一个艰苦的历程。找到合适的团队成员就已经够困难的了，之后再让他们一起协作，就是难上加难。

常见的情况是，之所以建立团队仅仅是因为这看起来是有益之举。这样的管理行为意味着，团队没有制定清晰的目标或取得成功的措施，设定的界限模糊，职能和任务的定义不到位。如果对团队成员需要开展的工作没有明确职权划分，那么，必然会导致形式大于实质，空谈大于实干。如果像赛瑞尔公司那样，优秀的人员被置于不良的体系之中，建立团队何用之有呢？如果你置身一个后宫式领导的团队中，你就应该认真思考一下，你是否真的想在这个团队待下去。

当然，如果所建立的团队工作有成效，则其利将远远大于其弊。一个有效的团队可以激励整个公司，有助于建立学习型的、合作性的文化，推动创造力和创新工作，最终让其成员的工作更加富有成效。一个真正的团队可以成为一股强大的力量。然而，不合格的团队，比如赛瑞尔公司的后宫式团队，必然只会耗费资源、埋没人才、鼓励内斗。

思考题

• 在 1 到 10 分（1＝最低，10＝最高）中，你为你所在的团队打几分？

• 如果你打的分数低，能否解释一下你所在团队运行并不甚好的原因？它是否只是一个名义上的团队？为什么？

● 需要采取哪些步骤来提高你所在团队的分数?

● 团队的负责人是否看似更喜欢以一对一的方式与人相处?如果是这样,你能否解释一下为什么?

● 你是否认为团队负责人真正让每个人实现了最佳表现?

● 你如何评价你所在团队负责人的领导风格?你该如何描述它?

— 10 —

好的，结束吧
退休

　　杰瑞来看我的时候，跟我诉苦说，他感到深深的痛苦和空虚。他感觉迷失了生活的方向。他和妻子不像是有什么共同之处的两个人，而像是处在同一个空间的两个陌生人。他们的孩子现在长大成人了，都忙于建设各自的小家。他似乎无法找到办法与孩子们沟通、与孩子们的兴趣及家庭产生什么交集。他无止无休地沉沦于生活的空虚之中，觉得以前的日子似乎是那么充实、有价值。我问他有什么个人兴趣。显然，他从未从事过室外的个人兴趣活动。他非常沮丧，周身散发着无助和绝望的气息，身体似乎也不大好。他这种情况——很多人都是如此——是退休对他的健康造成了不利影响。杰瑞最近从 CEO 岗位上退了下来。

　　对于像杰瑞这样的人来说，公众的认可以及身居公司高位是他们生活中最有意义的维度。他们的生活之锚，存在于他们对于一个具有巨大权力的机构的认同，存在于他们对于个人、政策、财务和社团的影响力，存在于不断确认他们作为个人和领导的重要性。

一朝退休后，这些生活之锚一夜之间消逝无踪，对生活产生动摇性的影响。一旦这样的退休者意识到，在过去的日子里，自己在登顶之路上所失去的和所牺牲的那些东西——个人生活，与配偶、孩子和朋友的良好关系以及为发展外部关系和获取利益所花费的时间，这种动摇性的影响往往会加剧。因此，很多高管之所以推迟退休、尽可能久地握住权柄，前述就是原因之一。

还有其他隐而未见但依然重要的心理和情感因素，也与前述因素"沆瀣一气"，导致退休难。首先，当人们荣升高位时，年龄效应往往开始日益显著。当镜子里那张已被爬上皱纹了的脸与我们相视时，时间效应开始成为无法回避的现实，一阵负面心绪涌上我们的心头：害怕、焦虑、忧伤、沮丧和愤怒。

身体衰老的自我意识（感到状态不如从前）会促使人们寻找自身吸引力和活力的替代物。有些人——尤其是久负盛名的高管——把运用权力作为一个有效替代物，替代那老去的面容、增大的腰围以及不得不放弃的具有身体接触的运动。美国前国务卿亨利·基辛格曾说过一句令人难忘的话："权力是终极春药。"对很多经理人来说，权力能够带来尊严和尊敬。因此，那么多人不愿意放弃权力，也就不足为奇了。如果办公室的权柄是人们所剩下的唯一的东西，那么他们就会尽可能久地抓住它不放手。

对于那些将要放弃权力的人来说，所面临的另一个复杂因素叫作报复原则，通常称为"以牙还牙"。这一原始的司法原则规定，罪犯如何施害于受害者，要相应受到惩罚，即"一报还一报"。担当领导者，会做出一些困难的决策，而这种决策会给他人的生活和幸福带来影响——正面的和负面的。不自觉间，领导者会把所有这类决策都在记忆库中"归档"。随着他们的"受害者"的人数与日俱增，遭到预期报复的感觉也日渐浓重。这导致他们防御心极重，成为促使他们推迟退休的另一个因素。

在其整个成年生活中，高管将工作置于中心位置。当权力态势发生转变的时候，高管不免会陷于不知所措的境况。因为，高管的继任者已被提名（尚未走马上任），继任者已经开始笼络追随者，为公司的未来构建一个迥然相异的梦想。高管们如同年老的狮子那样，慷慨地施与，目的是把那些在权力之梯上雄心勃勃的攀爬者纳入自己的轨道。一位智者曾说，CEO 的基本任务就是发现可能的继任者，清除不可靠的"混蛋"。这话有其道理："混蛋"会摧毁卸任 CEO 最为珍视的那些梦想。

我们人人都有留下遗产的需要，如此则更加重了我们的担忧。遗留下什么东西，用以昭示前任的丰功伟绩，这是战胜被遗忘的、具有象征性和挑战性的举措。很多高管都心存疑问，他们的继任者是否可以信赖，他们耗费那么多心血搭建起来的"大厦"是否会受到尊重。

当然，对于有些人，退休则带来了财务问题。他们不再拥有可以支撑既往生活方式的财源。他们担心自己的生活开销不得不大幅削减。

遗憾的是，多数公司未能理解退休者的心态。对于面临退休的人，公司通常的做法是很少或者并未做出努力，去帮助他们为人生这一关键转变做好准备。令人恼怒的是，很少有人认识到，帮助高管顺利向退休过渡是公司或相关个人表达意愿的一个机会。没有人能阻止高管变老，但是公司却一定可以在高管退休的过程中施以非常正面的影响力。

不过，有些公司做得很到位。比如罗纳德的案例，就向我们展示了如何做是正确的做法。罗纳德是一家全球性信息技术公司亚洲区的前负责人。在这家公司接近法定退休年龄的高管中，对于那些难以替代、经验丰富的高管，管理人才的副总裁一直渴望为他们创造一些特别的岗位安排。

在集团 CEO 的支持下，这位副总裁制定了一个灵活的政策，实行分阶段退休。根据这项政策，临近正常退休年龄的高管，可以缩短工作时间，或者退休后在其他岗位上继续工作。这样，即将退休人员就有机会逐渐过渡适应，而不像很多公司那样，退休人员的工作到时便戛然而止。这家公司的做法意味着，公司不会一下子同时失去了这些退休者的知识和经验。

罗纳德成为集团公司 CEO 的一名特别顾问，主要帮助开发公司在非洲的市场。这样的安排，不仅帮助 CEO 为一个快速增长的业务局域制定了战略和设立了机构，而且，也给予了罗纳德及其妻子一个机会，他们可以共同体验脱离了办公室的活动，但同时罗纳德又不需要离职。实际上，他们两位一直对非洲特别感兴趣，而罗纳德现在在非洲继续工作，他们两人就都可以投身其中。

类似于罗纳德这样的安排，对于公司和退休人员来说是双赢的。手握大权、临近退休的高管拼力维持权力、保持影响力，会给公司造成损害，鉴于此，管理好慢速退休工作至少与尽快让新人就位同样重要。

然而，一个问题依然没有解决：对于杰瑞这样的退休者，不论从自身的角度还是从职业的角度看，退休等于宣布自己是冗余人员。那么，如何帮助这些人呢？如何才能帮助他们将退休视为获得了机会，而不是走向死亡呢？

杰瑞的状况确实令人担忧。与那些决定继续工作的人相比，退休较早的高管的死亡率看起来更高。当然，杰瑞的一个有利因素是他确实热爱他的工作。根据杰瑞的性格特点，重要的是他必须找到办法，继续过上活跃而有意义的生活。那些退休后过得最快乐的人对这个问题的回答是"付出"，并由此找到了目标感。

思考题

● 为准备退休，你都采取了哪些步骤？

● 退休后的生活对你意味着什么？你如何想象退休后的生活？你如何安排你的时间？

● 工作之外你有另外一种生活吗？

● 你认为退休对你的健康有益还是有害？

● 什么活动让你最快乐？什么日常活动对你最为重要？

● 如果你不再工作，你最想念的是什么？

● 你的公司有可能安排分阶段退休吗？

— 11 —

什么，已经离世了?
与死神相会

我敢断定，在董事会会议上或饮水机旁，人们很少会讨论死亡的话题。在主流动机理论或教科书中，当论及组织行为和动机时，死亡同样不会成为话题。然而，死亡就在那里，这是一个令人惊心却永远存在的现实。无论我们谈论或思考它与否，它都影响着生活的方方面面，其中包括工作。因为，死亡是隐身的终极激发因素。

维克多是一家大型汽车零部件公司的采购副总裁。我见到他时，他给我的印象是他非常成功，但也面临很大麻烦。他说自己患有急性焦虑症。他担心自己的心脏，并抱怨说浑身感到不适。他疯狂的工作节奏可以解释为是为分散注意力，但是（据维克多说）他对健康的焦虑正在对自己的工作质量产生不利影响。他感到，再这样下去，他迟早油尽灯枯，会崩溃掉。维克多确信他出了什么问题，但他无法确知是什么问题。

维克多跟我细说他所看过的那么多的医生。尽管做了许多检查，但医生们似乎没有发现他出了什么问题。他觉得这种结果难以接受。他有根有据地说，一定是有什么问题。一定是身体上的什么问题导致了急性焦虑症。他担心他患了某种难以诊断的病症——某种罕见的癌症、多发性硬化症、莱姆病，甚或脑瘤。

像维克多这样患有急性焦虑症的人，易于认为自己存在一系列健康问题。在很多情况下，他们的疑病忧虑源于对死亡的恐惧。对死亡的焦虑似乎与疑病症高度相关。恐惧死亡的主要特点是出现肌体或其他相关的失调，其表现是多次就诊，要求进行医学检查，以便弄清错觉下的健康问题产生的原因。

当然，每次当知道某人死去了，我们就会想到（即便只是在潜意识中），死亡是生命中一种错综复杂的东西，是我们很多人感到难以接受的东西。对死亡的恐惧是造成焦虑的一个重要而无处不在的原因，它影响我们的社会、个人、精神和身体的存在状态。死亡焦虑是一个根本性的恐惧，它是我们成长、生存和众多心理状态的基础。

为了应对这种挥之不去的关切，我们"外包"死亡。我们试着从中立的角度看待死亡。在二十多岁的后几年和三十多岁的头几年，我们发疯地工作，希望大展宏图，但并未认识到生命是有限的。到了四十多岁，当身边亲人因病而逝，我们则开始更多地关注余下的生命还有多少。实际上，我们所做的很大一部分都与死亡发生着千丝万缕的联系。但是，这个话题依然是个禁忌。

面对死亡的恐惧，部分人的反应是拒绝醒来、蒙头逃避，但更多的人则做出截然相反的反应。在多数情况下，人们往往将所有关于死亡的想法都抛之脑后，以疯狂的节奏生活着和经营着。人们究竟是以积极的态度驾驭自己的行为，还是像老鼠那样在地下迷宫中东奔西撞，反映了人们在面对自身必然结局的恐惧时，是否很好地进行了处理。

从理智上说，没有人会否认死亡，但是，真正地接受它则是另一回事。如果我们压抑对死亡的恐惧，不论我们是否意识到，都会产生死亡焦虑。我想提醒大家的是，死亡焦虑是大量高管行为和行动的基础原因，随着焦虑的加重，会出现三种常见的不良反应，这必将影响职场环境。

第一个是躁狂性防卫——工作狂。对有些高管来说，工作是一套永生系统。典型的做法是，那些工作狂永不停歇地工作，试图以这种方法逃避压抑的思绪，赶走潜意识中挥之不去的死亡恐惧。遗憾的是，在当代企业中，工作狂受到鼓励、支持，待遇优厚。然而，工作狂式的工作环境会导致严重的组织问题，包括士气低落、抑郁、药物滥用、职场性骚扰、过多的旷工和工作倦怠。我曾认识一位高管，深受焦虑困扰，以致他领导他的公司狂热地进行并购活动，不能自拔。采取这样的方式，或许可以帮助他感觉充满活力，但最终会影响公司的经济活力。

对死亡焦虑的第二个不良反应是拒绝处理继任的问题。很多高管坚决抗拒面对"卸任之后的生活"这个大问题，因为它太过令人焦虑了。同时，公司受到影响，停滞不前。由于领导者不放手，生产率原地踏步。

第三个反应是试图通过创造有形遗产来回避死亡，包括成立机构、建造楼宇、设立奖项等，以此保留自己的名字或记忆。"大厦情节"似乎十分盛行。这方面的例子不计其数，从古埃及的金字塔，到印度泰姬陵，再到布加勒斯特市尼古拉·齐奥塞斯库未完工的规模惊人的罗马尼亚人民宫（只有三分之一使用过，其供热和照明的花费相当于巴尔的摩这样的城市的规模）。从心理上看，在建筑景观上留下自己的印记与行使权力有共通之处。显而易见，创建可以家族传承的企业，是另外一种可以实现某种形式永生的方法。这种有意、无意的愿望，构成很多家族商业王朝的核心。

但是，忙碌不休和留下遗产未必是领导失能的行为，只要我们确信：我们的工作有价值，我们的生活有意义，我们的死亡焦虑可以缓解，就可以了。

能够做某种有意义的工作是很重要的。在职场上，为自己和他人创造有意义的工作，高管可以缓解那种无意义感，这种无意义感源于死亡焦虑且会加剧死亡焦虑。我们所有人都想知道，我们如何作为才能为后代创造出一个更加美好的世界。

构建意义，而不是构建建筑物，是另外一个留下遗产的方法。这个简单的想法包含广泛的内容，从重构与下一代的关系——下一代是最重要的遗产，到成立一个项目或基金会，不一而足。即便是在初创者离世之后，人们依然会从这个项目或基金会获得帮助。

我们说，人是唯一的，这是因为在适应和经营生活的过程中，我们不仅完全知晓我们从何而来，我们还知晓我们必然向何而去。然而，无论是否有所意识，我们对死亡的焦虑在很大程度上给我们造成了不安。这种不安通过一系列情感、认知、成长和社会文化的反应表现出来。我们如何化解对死亡的焦虑，决定了我们认为工作是有意义的还是无意义的。死亡焦虑不解决，会加剧紧张情绪，甚至会造成心理倦怠。

　　死亡焦虑是每个人都应了解的事情。解决死亡焦虑，可以让人们直面并谈论他们的恐惧；可以创造出一种环境，让人们感到他们的工作具有持久的作用和意义。最终，很多高管（以及普通人）会更加害怕自己的存在没有意义，而不是害怕死亡。

　　所以，该如何帮助维克多呢？在我们互动的过程中，我试图让他明白身体疼痛、心理苦楚以及有关存在的烦恼都是人类的正常状态。为了找到办法解决他的焦虑感，我着重强调了他生活的意义和目的的重要性，强调他需要社会支持——建立有意义的关系。这些讨论证明是有帮助的，他的不适应应对机制获得了改善，解决了那些无意识的和有意识的矛盾，帮助他认识到自己的抑郁症状及可能的原因，最终，他失调的行为模式获得了转变。通过增强他的自尊心、对生活意义的认识以及改善他的社会关系，维克多自我的焦虑缓冲能力得到了加强，他变得不那么压力重重，不那么雄心一刻不减，他感到能更好地掌控生活了。

思考题

• 你对自己的健康以及未来的死亡忧心忡忡吗？

• 你对死亡和回避死亡的思考，是否占据了你的全部思维？

• 你是否常常就诊，却发现自己没有问题？你是否觉得医生并未搞清楚你的健康可能存在的问题？

• 你是否会不明原因地发生急性焦虑症？

• 你很少自我感觉良好吗？你担心自己会崩溃吗？

• 你很难放松下来吗？

• 当你工作中无事可做的时候，会情绪萎靡吗？

• 你是否在意生活的意义和目的？你准备好谈论这些问题了吗？

第二部分

上冲……

12

你要笑

职场幽默

　　杰克是负责公司信息系统的副总裁。大家都觉得他是个有趣的家伙。他的幽默与众不同；他善于自嘲，知道如何让大家发笑，从而帮助大家看到事情光明的一面。但是他的幽默也有黑暗的一面，尤其当幽默指向别人的时候。他拿别人的缺点开玩笑的时候，有些人会发笑，但过后回味起来，就发觉他的玩笑很尖刻。他的同事开始不那么认可杰克的幽默方式了。他的玩笑释放出相互矛盾的信号。他是利用幽默来为自己的不安全感做出防御吗？他是通过自嘲来掩饰内心真正的恐惧和痛苦吗？调侃他人是遮掩心中敌意的面具吗？或者，以他人作为玩笑的笑料是转移别人对他的注意力、避免别人与他走得过近的方法吗？

　　幽默是复杂的认知功能，往往（但不是一定）会带来笑声。使用幽默的方式多种多样，会产生正面和负面两种效果。人们常说，喜剧和悲剧，幽默和伤害，差别仅在一线间。多数人的幽默是为了娱乐。与人一起开怀大笑，能让人意气相投、产生情感共鸣：拉近人们的距离。幽默也是缓解心理紧张的一个良方。它让我们直面生活中不协调的东西；我们所期望的和我们所实际经历的会不一致，这种不一致可能是荒唐的，因而也是可笑的。幽默还能帮助我们应对那些我们无法掌控或令人沮丧的事情。它向我们提供的是一个乐观的视角，或者是隧道尽头微弱的一道光。但是，幽默的使用也可以出于恶意。嘲笑某人对一些人来说可能是好笑的，但是对于成为笑料的人来说则全然不同。在这种情况下，幽默很容易导致怨恨。

根据进化论的观点，幽默必须具有生存价值，就像经过自然选择所传承下来的所有特点。幽默让我们感觉愉快，对心理健康有益。幽默让我们欢笑，对我们的身心健康有积极的作用。与别人一起欢笑，可以帮助我们与别人建立交往，促进人际互动。幽默可以将消极变为积极，培养乐观精神，从绝望中创造希望，帮助我们应对生活中的挑战。人类对于幽默的需要解释了为什么有些人能以博取别人的欢笑为生。然而，如果要做到像传奇的鲍勃·霍普这样回答问题，则是需要具有喜剧天分才行的：临终时别人问他希望把自己葬在哪里，他答道："给我个惊喜。"

当然，我们不可能都成为鲍勃·霍普，但是我们都可以努力培养自己的幽默感。站在生理学的角度，研究表明大笑给我们身体带来积极的锻炼，起到减压的功效。人们在压力状态下采取幽默的态度，更有抗压性。功能性磁共振成像检查发现，幽默和大笑改变了我们大脑和荷尔蒙系统的生物化学过程。在有压力的状态下使用幽默，可以减慢心率、降低血压、松弛肌肉紧张，从而影响肾上腺素、去甲肾上腺素和皮质醇的水平。幽默有助于增加抗感染抗体，对我们的免疫系统有积极的作用。那些幽默的人有可能更加健康、更加长寿——鲍勃·霍普就活了 100 岁，这不足为怪。

从心理学的观点看，幽默的复杂性意味着，幽默不仅仅代表着轻松愉快。幽默还有很多的方面是我们所不知晓的。西格蒙德·弗洛伊德在其论文《诙谐及其与潜意识的关系》中指出，幽默是释放被压抑的性和攻击性紧张的重要的防御机制——但也是引导我们成功应对生活中的矛盾和变迁的更加健康的方法之一。他的女儿，安娜·弗洛伊德（在他研究的基础上）认为，防御机制既可能是健康的，也可能是不健康的，视具体情况和幽默的使用者而异。有些防御策略的机能严重失调，导致出现适应不良行为，威胁此人的心理健康；而其他的策略则可以帮助我们过上幸福、充实的生活。根据严重程度的不同，我们可以将防御机制划分为病态的、不成熟的、神经过敏的、成熟的等不同层级。意料之中，幽默应归到最后一类中。

幽默还具有功能性和社会性作用。它是一个古老的表达工具，可以对不公正、傲慢、自负或者虚伪进行批评。而这些批评又无法以其他形式在社会上或从法律的角度来进行。幽默可以成为对"禁忌"或"政治上不正确"问题和话题进行探讨的手段。在最早期的历史人物中，有一位与幽默和笑声忠实为伴。他就是古希腊哲学家德谟克里特，被称为"欢笑的哲人"，因为他总是取笑他的同胞以及普通人做的蠢事。在很多莎士比亚戏剧中，愚人常常反而是最智慧、最诚实的人，他们向当权者讲真话。在二十世纪的历史上，一些喜剧演员和讽刺作家，比如查理·卓别林、约翰·克立斯、伍迪·艾伦等，他们将辛辣的批评寓于经久不衰的滑稽的娱乐节目中。通过幽默这种方式，不可忍受的变为可以忍受的，难言的也可以讲出口。

但是，幽默具有负面和离间的效应。讽刺或嘲弄式的幽默——以他人为笑柄——常常传递着侮辱、敌意和戏耍。讽刺之语更多的是暴露了攻击者本人的内心，而不是被攻击者。英文"讽刺（sarcasm）"一词来源于希腊文的单词"sarkazein"，意思是"把肉撕下来"。因此，讽刺是打着幽默的幌子，表明着赤裸裸的敌意。相反，自嘲式的幽默则没有敌意，具有包容力。自嘲意味着以我们自身为代价去愉悦别人，反映的是幽默者的谦卑。在幽默这两种极端情况之间，还有着众多的其他的可能形式。但是，不论我们采用或享受哪种形式的幽默，应谨记，和生活中多数好的东西一样：一切应适可而止。过度使用幽默可能暗示着我们内心的一些状态：缺乏自信，自卑及其他焦虑感受。

行文至此，我们再回到杰克身上，探讨一下他带给同事们的困惑感受。杰克参加公司举办的领导力系列培训班的过程中，被突然中断培训。通过采用360°反馈法对杰克领导力的优缺点进行评估，发现：尽管多数情况下，他的幽默方式具有好的效果，但是，有些时候也造成了意外的负面影响。从来自他的观察员的反馈来看，显而易见，杰克需要对他的沟通方式做些改进。

评估报告令杰克深感意外，他决定向一位高管教练寻求帮助。他解释说，他一直以为他的幽默是无害的。他无心伤害别人。他总是觉得人们会明白他要表达的意思的。教练则给他指出说，具有良好的幽默感是一件幸事。但是，如果杰克能学会弄清他传递了什么样的信息，会对他有帮助。他的幽默一方面拉近了关系，另一方面也疏远了关系，传递出交杂的信号。教练告诉他，在与众人进行的系列培训中，他就是如此行事的：人们吃不准杰克是认真的还是不认真的，这让人感到困惑。杰克对教练说，只要他出现这种行为模式，就请教练立即指出，以便他随时随地改正。他解释说，他并未自觉地意识到，他开玩笑的行为已变得如此无法抑制且时常发生偏颇。

杰克与教练进一步深入探讨这个问题后，他认识到，自己把幽默当成了疏离别人的工具——通过这样的方式来安抚自己的不安全感，回避面对那些冲突性的情况。他开始把他的这种行为模式与自己的早期经历关联起来。他生长在一个父母整日吵架的家庭，因此，他被养育以及成长的过程艰难而又令其困惑。幽默已经成为他的生存之道，这一应对机制在缓和父母吵架方面，被证明是非常有效的。而学校的经历，则强化了他对幽默的依赖。那时，杰克身体超重，不擅体育，成为班上很多孩子的笑柄。面对这种被欺凌的状况，他的防御手段就是担当班级小丑的角色。将生活中每一个有压力的事件转变成笑话，成为杰克应对个人问题时的默认模式。然而，（正如反馈报告所显示的）在职场上，他的幽默已经变成了一个失当、过度的习惯。他需要打破这一习惯。

在他的教练的帮助下，杰克开始把幽默当作资产来使用，更加建设性地使用幽默。他能够知道什么时候幽默是恰当的、有益的——此时，他可以和别人一起拿生活中的悖行和愚事取乐——还能够区分什么情形下使用幽默会令人生厌和造成不和。

思考题

● 你经常使用幽默吗？如果是，那么你知道是为什么吗？

● 你能够反思一下你使用幽默的方式吗？你的幽默是自嘲式的，还是讽刺式的？

● 你以幽默的方式介入，别人是如何反应的？

● 你对别人的幽默是如何反应的？

● 你是否经常成为别人玩笑的笑料？你知道为什么吗？为什么别人捉弄你？

● 如果你成为笑料，你该如何"保护"自己？

— 13 —

我彻底原谅你了

谈谈原谅

在最近举行的领导力发展研讨会上，有一位 CEO，我们姑且叫他加里，他的生活似乎特别痛苦。对于我提出的每一个建议，他都持消极观点。他的消极性如此之大，令我很好奇。我要求他更多地讲讲他自己。我稍加推动，他就开始讲起来了——不过，他的叙述可不那么悦耳。

显然，我面前的这个人心怀积怨，心中不平久久不去，但这一切他其实早该宽容以对了。他把自己所有的负面经历以及当前的不快都归咎于其他人。他不准备审视自己，不准备为所遇到的矛盾和事情承担个人责任。

圣雄甘地曾说："以眼还眼会让全世界失明。"这句箴言对于身居领导职位的人特别有意义。这些人的态度、信念和行为对于其他人的生活具有十分重要的影响。一位领导者未能或拒绝原谅别人，会形成一种愤怒、怨恨和敌意的氛围，阻碍一个团队、公司、社会，甚或整个国家达到最好的水准。

诚然，我们与其他人（朋友、陌生人或家人）所形成的所有关系，都存在给我们带来伤害的风险——就像加里那样。我们的父母或许曾对我们十分严厉，我们的老师或许曾令我们不悦，我们的同事或许曾破坏我们的项目，而我们的朋友或伙伴或许曾令我们失望。我们任何时候允许别人接近我们，我们就变得易受伤害。面对侮辱或伤害，最合乎逻辑的反应是报复。

在领导岗位上，这些风险则被放大了。领导他人意味着要面对一个巨大的关系旋涡，需要进行大量的情绪管理。领导者在充满矛盾的环境中进行管理工作，如果不能很好地解决矛盾，那么这些矛盾就会日益拖累公司的工作实效。那些不肯原谅的人会陷进下旋的负面旋涡，并把其他所有人都裹挟进去。

优秀的领导者明白心怀积怨的代价会是多么大、不宽容的态度会在多大程度上阻止人们前进的步伐。遗憾的是，在太多的领导者那里，报复比原谅来得更加自然。我们天生具有正义感：我们要求惩罚对我们行为不当者。对于公平或不公平的强烈反应已编入我们大脑的程序，于是，当别人伤害我们时，我们会本能地进行报复和寻求公正。

按照进化论的观点，实施这样的行为具有很重要的目的。以牙还牙是自我保护的一种方式。实施对等行为和复仇是警告施暴者不要再越界，否则就会面临事情升级和出现更消极后果的风险。但是我们也可能因此而打开了逆反应的潘多拉盒子：冤冤相报，由此会损害我们的身心健康。当我们不能原谅伤害我们的人的时候，我们的情绪就会成为精神的毒药，从内部摧毁我们的防御体系。众多的研究表明，憎恶、怨恨、愤愤不平和报复心是培植应激障碍的肥沃土壤，对我们的免疫系统产生消极影响。不宽恕人的心态也与压抑、焦虑、敌意和神经衰弱正相关，还与早亡有关联。

但是，为什么有些人更容易原谅他人呢？他们与那些心存报复和怨恨的人有什么差异呢？通过采用心理动力系统定向的方法对领导者研究后，我发现拒绝原谅的人有三个特点。

第一是强迫性穷思竭虑。不宽恕的人耗费时间让自己沉陷于往事之中。一些人在幸福的家庭环境中长大，父母和善、悉心培养子女；另一些人接受的是严苛、专制式家教，或者童年时受过虐待，比起前者，这些人似乎更有可能出现强迫性穷思竭虑。

第二是缺少同理心。同理心是一种进化机制，可以促使利他和亲社会行为的发生。想象和感受他人的经历——将我们自己置于他人惯常的立场上——我们就会思考别人实施不当行为的动机，为我们找到原谅别人的途径。这个技能我们在年幼的时候就学习过。那些在父母严重缺席或在辱骂的环境中成长起来的孩子，通常很难具备这种技能；对于他们来说，原谅别人变得极其困难。

第三个特点是受剥夺感。那些在孩童时代所受关注和关怀不足的人，常常关注的是他们所没有的东西及如何获得它。但是一旦他们得到了，他们就继续和别人比较，嫉妒别人的成功、名誉、财产或者个人素质，并且通常以情感爆发和暴怒的形式表达自己的嫉妒。

我不是说展现这些行为的人——以及不那么容易原谅别人的人——无法担任领导。但是，他们不会成为可以充分调动下属能力的人。任何想要有所作为的领导者，原谅的能力都是必备的。当然，原谅并不意味着容忍不可接受的行为；原谅意味着治愈受伤的记忆，而不是清除它。我们心怀原谅时，过去并未改变。但是，通过掌控破坏性的情绪，而不是让情绪掌控我们，我们就能创造新的记忆方式，从而改变未来。那些变革型的领袖，比如圣雄甘地、纳尔逊·曼德拉和昂山素季，他们彻悟了这个问题，他们拒绝回首过去的伤害，转而选择以平静和快乐代替义愤。

对于加里来说，改变世界观并不容易。然而，正如其他参加领导力发展研讨会的人指出的那样，反反复复呈现负面情绪，是在浪费他的时间，是非常徒劳无益的。他们强调说，他不原谅别人所犯错误的这种态度，不仅给自己造成压力，也会让公司付出代价。正如一位与他一起参会的人所说的："不做事的人不会犯错误！"原谅别人可以让自己继续前行。

还有些参会者认为，加里原谅别人并不意味着自己是软弱的或者是"受气包儿"。事实上，原谅需要勇气和诚实。同时，原谅也不意味着加里饶恕了别人的过犯，或者他应该和令他不快的人和好如初。

加里最终认识到，总是带着愤怒和怨恨的情绪不利于自己的身心健康。其实不只这些，此时他还背负着沉重的压力。培养同理心，再多一些同情心，会起到治愈作用。其实，原谅别人，他自己是最大的受益者。为了自己，他需要原谅别人。

作为入门练习，首先要求加里站在伤害了他的人的立场，以同理心看待对方。大家提醒他，我们多数人都发生过背叛或伤害别人的情况。人无完人。比起心怀报复、怨恨和指责的情绪，大度、同情和友善远远会带给人更多的收获。一位参会者给加里讲了一个故事：两位犯人出狱多年后重逢。第一个人问："你已经原谅监狱看守了吗?"第二个人答道："没有，我永远也不会。""那么，"第一个人继续说道，"我觉得你还在监狱里。"

做到像第一个人那样原谅别人，加里颇费曲折。他经历了一系列过程：悲痛、大怒、伤心、恐惧和困惑。但是随着时间的推移，他明白了，原谅真的是他收获的一份厚礼——结束他负面生活观的方法。凭借这个方法，他的内心就能更加平静，从而结束过去。他不再期望获得别人永远不会给予他的那些东西。他开始把精力转向更加积极的方向。通过这些过程，他的内心更加自由舒展、心情更加平静。

原谅有治愈的力量，是服药或治疗的方法所做不到的。好好地生活或许是受伤的情感最佳的复仇方式。加里认识到，把更多的精力用在欣赏自己所拥有的，而不是用在苦思自己所没有的，是以更加建设性的态度来面对生活。

思考题

● 你如何理解"原谅"一词？

● 受到别人伤害时，你如何反应？

● 你觉得原谅别人容易吗？你如何做到原谅别人？

● 如果你觉得做到原谅很难，那么是什么阻止你做到原谅呢？为什么你觉得那么难？

● 如果某人持续伤害你，你觉得你应该继续保持原谅的态度吗？

● 如果你不肯原谅别人，会发生什么呢？

● 你如何知道自己已经原谅了别人？有什么表现吗？你有什么办法消除余怒和心中的怨恨吗？

14

衷心谢谢你
谈谈感恩

　　奈克索银行的企业文化是一种毒性文化。有些人甚至将其职场环境描述为"达尔文主义式的"——适者生存。每个人似乎都各自为政，团队合作根本不存在。更有甚者，贪婪、欺凌，乃至违法行为猖獗。高管团队只注重利润和奖金，影响了员工的自信、健康和心智。结果，工作成效下降、士气低落、缺勤严重以及出现令人不安的人员流动。对很多人来说，在这家银行工作已经变成令人心力交瘁的体验。

　　高管团队死守着这样一种冷漠、精于算计、没有人情味的企业文化。他们似乎并不了解创造一个友好、合作和互助的工作环境的重要性。他们永远领悟不到，建设积极关注和真心关爱的企业文化能够培养创造力和新观念；他们也领悟不到，对于出色的工作表示感恩会产生强大的驱动力。因此，多数员工觉得被低估了，他们的工作被视为理所当然。由于存在这样的企业文化，该银行的众多交易员都涉事伦敦同业拆借利率操纵丑闻，这并不令人意外。在涉及该丑闻后续的诉讼中，银行受到巨额罚款，但似乎没有一名高管受此影响。

这个例子表明，毒性文化——一个不存在"感恩"一词的职场环境——会不断恶化，最终会出现导致经营失败的行为。当金钱被视为唯一动力的时候，那些企业的负责人就不会投入情感与智慧，充分调动起下属。因此，对于多数人来说，除了收入公平，他们真正看重的是尊重、认可、成就感、归属感和目标感。

为了培养由上述变量构成的企业文化，领导者需要创造出一个把感恩置于显要地位的工作场所。这样，人们每天面对的是善意举动。对于出色的工作，报以一句简单的"谢谢"，会带给人很大的动力，能够促使形成更加良好的工作氛围。

英文"感谢的（grateful）"和"感谢（gratitude）"这两个词来源于拉丁单词"gratus"，意思是准备对善意表示感谢和回报。感恩的人珍视他们获得的幸福，能够享受生活中简单的快乐，总是愿意对发生在他们身上的好事表示感恩。同时，他们也是愿意回报的人。

有史以来的哲学家都将感恩视为实现和谐关系的重要推动力。罗马皇帝兼哲学家马可·奥勒留（Marcus Aurelius）曾说："好好想想你所拥有的那些美德吧。记住，你要感恩：如果你没有它们，你将会何等渴慕啊。"精神分析学家也对这一话题表现出浓厚的兴趣，他们将感恩视为与人幼年嫉妒心相对立的更成熟的表现，而嫉妒是婴儿的行为特征。随着感恩之心的成长，我们在未来关系中表达感恩的能力也随之增长。感恩如同黏合剂，可以建立互惠关系。

实际上，感恩和亲社会行为之间的关系非常复杂。我们与我们的看护者之间所建立的关系的质量，影响我们自己的婴儿大脑的发育方式。如果我们在早年时期建立了一种安全型关系，那么，这便为我们的一生打下了一个稳固的基础，左右我们与别人相处的方式。它决定了我们面对压力时的恢复能力和有效平衡情绪的能力；决定了我们探究世界的时候有多大的把握；决定了我们对未来怀有多大的希望。建立了安全型关系的人更容易表达和获得感恩。

相反，未建立安全型关系的人会对其社交行为产生负面影响。这些人感觉自己更难获得感恩或表达感恩。他们似乎缺乏促进成长的资源——比如同理心和同情心——来表达感恩。

感恩在很大程度上还与我们的视角以及我们看待世界和自己所采用的准则有关。感恩的人在每天的生活中持乐观的态度。他们知道如何从积极和有意义的观点出发，重构潜意识中的比较框架。他们更有可能结束过去，接受现实，面向未来。感恩的人关注他们所拥有的，而不是哀叹他们所缺少的。

研究发现，具有表达感恩的能力可以促进身心健康。感恩他人，可以释放我们大脑中增强积极情绪的神经递质血清素。面对困难和挫折时采取积极的态度——有意识地看到希望或者进行积极的重构——可以把消极的压力转化为积极的能量，为我们克服生活中的挑战提供所需的动力。我们或许甚至可以说，感恩是天然的抗抑郁药物。

从理论上看，这一切很美妙，但我们如何践行感恩呢？我们如何创造出人们可以获得认可的环境，让他们努力以最佳的表现回馈呢？我们如何避免自己进入像奈克索银行这样的毒性企业呢？

首要和最基本的是要尊重企业中的员工。正如感恩可以让对方以合作来回馈一样，感恩可以建立互助的关系，帮助化解矛盾，催生正能量，培养"我们是一体的"的集体性心态。做到感恩还意味着给予别人应有的认可、公平的对待，为别人创造归属感，赋予他们话语权。如果高管认可这些重要的推动因素，那么，不论是在改善企业的健康因子方面，还是在提高员工满意度以及实现更好绩效方面，它们所带来的效果都将是惊人的。

一个切实的做法是，我们每天在早上醒来或起床时，要有一个做决定的习惯，决定我们应采取什么样的观点。我们是有意识地感恩所拥有的，还是采取消极的态度、满腹抱怨呢？我们时常难于做出选择（每个人都有糟糕的日子），但是，我们要学会停止抱怨。抱怨除了带来一堆废话之外，别无他用；而我们决定采取什么样的观点以及后续的行动却是有用的。

另一个做法是，每天花些时间梳理一下我们应感恩哪些事情。和很多老生常谈的话一样，"知足常乐"这句老话自有其妙处。有目的地复述这句话，会带给我们启发。我们应该把那些给我们的生活带来积极影响的人列出来，然后向他们致谢。我们还应与那些践行感恩之心的人为伍。

当然，要求我们永远不去表达消极和怀疑的情绪，是不切实际的。我们同样也要面对生活中消极的方面。但是，校正我们的观点，使它更为积极，这有益于我们的心理健康。即使是生活中出现的最大挑战，重构以后，依然可以转化为实现个人重要成长和发展的机会。相反，沉陷于消极思维会耗尽我们的精力、销蚀我们的动力。当我们把自恋的目光从自己身上移开，投向他人的时候，我们往往感觉好得多。

我喜欢这样想：在面对生活的沧桑的时候，我们就像是画家。我们得决定用什么色彩来勾勒生活，暗色还是亮色？同时，还要像画家那样，我们得考虑画面的构成：前景画什么？我们如何让所有元素保持协调？幽默、原谅和感恩是调色板上最亮的色彩。如果用它们描绘我们的生命之旅，我们就能为自己绘制一张更加积极、更有成就感和更有生气的画卷。

思考题

- 你所感恩的是什么？你是否清楚你应该感恩什么？是否有什么你视为理所当然，但其实你不该这样看？

- 今天你做了什么让自己高兴的事情？是什么让你感觉愉快？

- 你能否列出在你的生命中帮助过你的人？什么类型的关系让你觉得感恩？

- 你是否向这些人致谢过？你是否告诉过他们，他们对你意味着什么？

- 有人向你致谢过吗？

- 你知道更经常说"谢谢"的方法吗？有什么办法能让你对别人更有帮助呢？

— 15 —

每隔七秒钟
职场中的性

一位高管曾这样跟我讲性：

每当我不得不解决性欲的时候，都是在制造悲剧。坦率地讲，我曾有几次出轨。我所犯的一切错误都是因为性。我经历了好几段婚史。其中两任妻子是我在职场认识的。她们的情况相同，我们都曾在一个项目上共事。当我卷入恋情的时候，我知道我在玩火。我是罗宾·威廉姆斯那样的家伙，开了这样一个玩笑——你知道的——上帝给了我们一具阳物和一个大脑，但我们的血气只够一次使用一个器官。这就是我的写照。

我与很多男人进行过很多次这样的交谈。这些男人无力应对笼罩在职场上空这团性的阴云。

一家大型研究机构的研究显示，男人想到性的频率大大高于女人——醒着的时候，每七秒钟想一次，真是不可思议；即使在睡眠中，男人梦到性邂逅的概率也大大高于女性。所以，如果男人发现一位女性有魅力，那么，这位男人仅作为这位女性的朋友或"同事"的可能性有多大呢？在电影《当哈利遇见莎莉》中，对这个话题进行了一场非常著名的辩论。哈利认为，如果男人发现女人有魅力，就不可能和她做朋友，因为他总想和她发生性关系。当莎莉问，如果男人发现女人没有吸引力，他是否会和她做朋友，哈利回答说："不会，还是很想和她们发生性关系。"鉴于男人性幻想的频率和强度，那么，男人还有可能与女性存在柏拉图式的关系吗？在工作背景下，性的问题如何影响男女性之间的关系呢？在 C 型雇员①渴慕女人这个微妙的问题上，那团性的阴云起了什么作用呢？

在企业高层或董事会中，之所以女性人数不足，一个主要的"解释"是，女人"天生的"优势与担当管理者所

———————————

　　①　编者注：指企业最高管理层，因其英文名称开头字母都带 C 而得名。

118

需要的素质不够匹配。在人们的模式化观念中，女人被认为更具有"群体性"，与友好、无私和情感表达联系在一起。相反，男人则被视为更加具有"个体性"，拥有与高效管理者的形象更加匹配的素质，比如独立、坚定和职业能力。此外，女人受到双重束缚。女性的行为越是表现出管理的意识，男人和女人对她的看法则越是不好。人们不会钦佩她的大胆和主动，而是模式化地认为她爱出风头、专横和冷漠无情。影星贝蒂·戴维斯曾言："男人发表意见的时候，他是男人。女人发表意见的时候，她是泼妇。"

尽管经济和社会取得了进步，但是支配我们当代人的性欲与支配我们原始祖先的性欲别无二致。约20万年的基因传承不会因为人们对于男女平等的复杂的社会态度而被消除掉。在无意识的生物层面，男人依然被驱使着实现基因传承的最大化。但是，女人与性之间的关系，虽然来源于同一个进化过程的传承，却迥然不同。女人远比男人谨慎，为的是确保其伴侣履行在经济、情感和性资源方面所做出的承诺。男人在其一生大部分时间里，每天都能制造出数以百万计的新精子。女人则不一样，她们一生中产生最多二百万颗不成熟的卵子，但其中只有约400颗最终成熟。鉴于卵子产生的数量十分有限，所以，我们的女祖先在选择男伴的过程中极为谨慎，由此形成了非常不同的男女交往方式。

我认为，男人存在的这种原始性欲，以及对于性吸引（尤其在职场背景下）后果的担忧，是男人不愿意女人进入组织的高层的一个原因。要转移男人对于性感的注意力，得费九牛二虎之力。这是一个"管理过程"，当男人错误地猜想女人和自己的想法类似的时候，会将这一过程变得更加具有挑战性，因为男人这种猜想会导致情况如同鸡尾酒般复杂多变。这或许是女人们常常抱怨办公室性骚扰的一个原因。据估计，每三名女性中至少有一名在其一生中曾遭受过某种形式的性关注。

从心理动力学的观点看，男人对于女人诱惑力的矛盾心理如同一条绵长的线，贯穿了整个人类历史。其具体表现，通常就是源自久远古代的男人对于女人的恐惧。在不同的文化背景中都体现着这种忧惧，常见的故事是，太多的有诱惑力的女人导致男人走向毁灭。女人代表着诱惑力，被认为要为男人的衰败负责。例如，在印度教中，迦梨女神不仅代表着母爱，还代表着死亡、性和暴力。作为毁灭女神，她毁灭的目的只是重建。在佛教中，魔鬼魔罗曾以女色来诱惑乔达摩佛陀，企图毁掉乔达摩的开悟修行。在犹太教和基督教传统故事中，毁灭性、阉割男人，甚至蜘蛛样的女人比比皆是。在伊斯兰文化中，对于女人的诱惑力和性能力存在着或明显或隐含的恐惧，这解释了为什么伊斯兰教的女人被隔离和监视。在当代的大众文化中，电影《本能》描述了一个女人在性事之后，用冰锥杀死男人的故事，表明这样的主题在今天依然活跃并受到认可。因此，既然存在着这片若隐若现的性的阴云，那么，为稳妥起见，何不采取预防性的行动呢？将女性拒之门外——与她们过从太密切会破坏组织流程，带来麻烦。

一国经济实现发展，所依赖的因素之一是人力资本。如果我们不向女性提供充足的就业机会，那么我们至少就丧失了一半的能力。男女不平等并不仅是女性的问题，它影响我们所有人。排斥女性发挥作用，降低了组织中男人和女人的生活质量。虽然女性承担着男女不平等所带来的最大和最直接的代价，但是这些成本会对整个社会产生广泛的影响，最终将阻碍社会和经济的发展。如果高管们确实对组织中的公平程序持认真的态度，那么，他们就要以诚实的态度去了解性的问题是如何影响组织的发展动力的。男人和女人应避免成为进化了的女性驱逐者的走卒。性别歧视是一个社会病，因此是可以治愈的。既然存在选择的可能性，那么，怎样才能建立一个男女都能实现发展的组织呢？我认为，解决这个问题要分为三步。

第一步，提高意识。这是迈向解决微妙的性别歧视问题的第一步。高管们要认识到，大多数组织对女性是不友好的；男人和女人的需求是不同的，其中包括不同的职业需求。显而易见，建设对女性友好的组织应自上而下进行，并愿意试验采取其他形式的组织认同，创造出更加包容的文化。为了实现转变，不论男人还是女人，都要更加主动地意识到自己存在的偏见，要明白那些隐性的性别规范是如何（有意识或无意识地）将女性拒之门外的。提高意识的计划，部分地应注重了解性的阴云是如何妨碍人们的推理和行为的。

第二步，进行系统性和结构性的干预。如果说意识是起始点，那么下一步就是要将结构性措施制度化。当代多数组织的结构仍然具有明显的等级性，其特点是自上而下的领导体制、注重个人成就以及以任务为导向。如果女性担任领导岗位，我们更多看到的是网络导向型的组织结构，更加强调团队努力，对传授、指导和辅导这些以人为本的技能有更多的偏好。总体上，更多的女性主导的组织还具有组织结构更加扁平和更加灵活的特点。在这样的组织结构下，权力、权威性和决策更加分散。

为了建设更加不具性别倾向的组织，需要制定更有创造性的绩效指标、薪酬和福利体系以及职业跟踪系统。这尤其意味着，要真正注重（不仅仅是嘴上说说）工作—生活的平衡，具体做法包括：弹性上班制、替代性时间表、兼职和家庭办公、压缩工作周以及轮班。当孩子成为必须解决的问题的时候，前述这一切的很大一部分都要归结到想办法建立有效的支持系统。组织还要根据高管在职业周期不同阶段所呈现的不同的工作强度，做出适应性调整。

高管团队还要培养包容、互助和互敬的文化环境，让性暗示和具性色彩的行为没有市场。组织文化要根据其所有构成要素的特质和需求适时调整并不断改进，让男性和女性实现平等发展。

第三步，实现性别平等成长。从人成长的角度看，提高意识和进行干预是迟到的权宜之计。要实现转变，真正的起始点要远远早于这二者。这个起始点在育儿的早期，在性别角色确立并获得强化的时候。性别发展的原动力源于父母的榜样作用以及某些活动和能力被赋予男性化或女性化、个体性或群体性特征的方式。我们的目标应该是，在抚养孩子过程中不带有性别歧视。这样，他们就可以自由地呈现最适合自身的男性化和女性化的属性。那些在成长中具有更加灵活的、中性的性别认同的孩子，能够更好地应对当代社会生活中的紧张状态。

只有当我们的社会对男性和女性具有平等的期望时，我们才能超越那些社会偏见及其束缚，如此，女性才能在 C 型员工中获得应有的位置。那些真正在乎组织中公平程序的高管，有义务更加有效地管理好这片性的阴云。他们应采取更加系统性的措施，来对抗那些根深蒂固的有关性别的臆断和对性别角色的期望，努力建设更具包容力的组织，让男性和女性实现共同发展。

思考题

● 你所在的组织是如何对待女性的？你经历过性别歧视吗？开会的时候，惯常都是要求女员工做记录、端茶倒水或筹划聚会吗?

●在你的人才储备中,女性多吗? 她们中有多大比例身居高管岗位?

●在你所在的组织中,男性员工、女性员工薪酬和福利相同吗?

●作为女性,你遇到过私密性的和不当的提问和行为吗? 例如,是否有人问你:"你想生孩子吗?""你为什么不生孩子?" 或者,"你怎么会离开孩子呢?" 你遇到过不希望的求爱吗?

●为了缓解有孩子的夫妻生活上的问题,你所在的组织是怎么做的? 你的组织是怎样对待怀孕和休产假的女员工的?

●为人父母,你对待女孩儿和男孩儿有差别吗? 在职业讨论时,你避免使用老套观念吗?

— 16 —

赶快行动吧
把事情搞定

高管必须认识到，战略的执行不是抽象的演练。它需要人员的参与。指挥大家为了共同的目标一起工作，不是轻而易举的事。很多高管都体会过其中的艰难。让所有人心往一处想，不亚于一场艰苦的斗争。即便大家愿意踏上某一条路，但他们未必拥有抵达目的地的技能。他们的行为有可能置团队工作于困难境地。

到了 30 岁，我们的性格趋于相对稳定，但这不意味着在我们以后的人生旅途中，我们无法改变我们行为和行动的方式。然而，30 岁以后改变行为，并不容易。很多高管处于其职业轨迹的顶点，之所以停留在此，源于其习惯性的行为模式。虽然在别人眼中，高管行为的某些方面存在着欠缺，但是高管却看不到有什么迫切的原因需要改变自己的行为模式。这种行为模式已经为其带来了如此丰硕的成果。结果，很多高管一边固守着习惯性的行为，一边期望取得良好的成果。一旦未能如愿，他们就诿过于人。即使这些高管愿意努力求变，但他们也不知道如何改变。

忙碌的高管们为了把自己彻底改造成更有成效的领导者，通常会寻找便利的速效之策。显然，其中的挑战是要开发出一种干预法，它与更加传统的"疗法"接近，但它所采取的方式让高管们觉得是有效的、易管理的。在这方面，集体辅导法可以发挥重要作用。具体看下面的例子。

面对石油行业的快速发展，一家全球能源企业的高管团队不得不采取应对行动。他们知道，必须将自己这个实力雄厚且志得意满的企业转变为高技术、以可持续为导向的企业。为了促使实现这样的转变，公司 CEO 聘用了有才华的工程学教授吉姆担任新的首席知识官。与此同时，另一位高管约翰，也接受任命进入高管团队，就任技术、产品和服务副总裁。约翰在石油行业拥有丰富的经验，在一位大股东的支持下，负责实施一个大型近海钻探项目。然而，这两位新人的加入让本已低效的决策体系雪上加霜。一如往常，在吉姆和约翰上任几个月后，在这两位"外来者"和管理团队其他成员间便爆发了"战争"。

公司对其近海能源项目非常仰仗，因此，项目必须按期完成——于是，压力与日俱增。尽管超期的代价极其高昂，但管理团队成员似乎对于推进项目缺乏紧迫感。相反，争权夺利似乎比目标一致和集体利益更加重要。所有高管成员无一例外，都未能完成既定指标。缺乏清晰的目标以及一致的流程导致执行公司战略的失败。

CEO决定对管理团队的所有成员实施他所称的"高绩效团队干预法"，目的是在一位有经验的团队教练的指导下，让每位成员反省各自的人际关系、工作习惯、领导风格以及组织文化。但是，其内在的目标是实现高管成员的协调一致，能够更加高效地推进公司转型工作。

作为团队教练，我没费多少力气就发现，这个公司士气低落、转型进程停滞、近海项目面临代价高昂的进度延期，公司运行在走向亏损的快车道上。董事会不是一个真正的团队，而是一群夜航的船，每一艘船的航向都不同。他们无法始终如一地将行动计划在公司内深入推进下去，也无法团结并充分调动全体员工为执行公司的目标而奋发向前。

在实行团队干预的一开始，我首先简要介绍了一下何谓高绩效组织和有效领导。之后，作为抛砖引玉并活跃气氛，我要求每位董事会成员做一幅自画像，勾勒一下他们的思想、情感、生活、过去、现在、工作和闲暇的状况。一开始他们口有微词、心存怀疑，之后所有高管就都变得对这项任务饶有兴趣了。自画像完成后，挂到墙上展示。我问吉姆是否愿意开个头，为大家讲讲他的画。

我们了解到，吉姆的祖父是一位出色的学者，但他父亲的生活经历却是失败的，与成功无缘：他不停地丢掉工作，满心失落。吉姆很多时间是和祖父在一起。祖父发现吉姆热情、好奇，而自己的儿子却没有这些特点。因此，吉姆十分看重自己研究者的身份。在公司目前这个岗位上，他感觉自己的创造力可能会受到抑制，于是他不遗余力地保护他所称的"思想火花"，将他的高管同僚们拒之千里。在很大程度上，他变成了一个担心自己平庸无为的高管成员。而且，他在内心还害怕自己会像父亲那样，一点点耗尽才华。

现在，吉姆阅读了360°反馈报告的内容，也听取了评估小组所做出的既富挑战性，又很有帮助的评价，他认识到，其他人发现他的行为带来了阻力，加重了团队和公司现存的问题。

高管团队每名成员，包括 CEO 在内，都接受了吉姆这样的评估。每人轮流坐到"热座"上，讲述自身的故事，然后，评估小组给予建设性的反馈意见。在此过程中，成员彼此之间能有意外的发现。这样的练习迫使所有高管面对这样的事实：他们当前的行为强化了公司普遍存在的竖井行为，不利于企业的学习活动，阻碍了公司的协调一致，妨碍了执行力。接受了这样的事实以后，他们就能够进行建设性的思考，并在其他成员的支持下，思考如何修正或调整自己的问题行为。例如，吉姆承诺，对于真正需要他的专门知识的会议，他一定参加；此外，他还会更积极地回复邮件。同时，他还决定聘用一名助理，帮助他更有条理性地安排一切。团队中其他成员也同意，不会在小事上打扰他，尊重他保留时间进行思考的需要。

每名评估参与者都列出了自身行为需要做出的具体改变。这些改变集中于如何增进与其他团队成员的沟通与合作。团队干预活动最后为每位成员制订了行动计划，为每个人找到了促进团队协调一致和提高执行力的办法。团队干预在结束时给出了一些推荐方法，以确保流程清晰、责任明确。

通过团队辅导，所有高管成员都对自己以及他人的优缺点形成了相当深刻的见解，认识到了他们所具有的技能之间的互补性——他们如何同心协力才能发挥更大的影响力。他们承诺，只要他们中某个人偏离了他或她具体的行动方向，他们就会给予对方辅导。史上第一次，他们进行了真正的团队辩论，明确了公司的发展方向，同时承诺采取行动，提升执行力。

在几个月后的一次跟踪会议上，我了解到，团队成员们现在感觉到他们已经成为一个更有成效的团队了。成员之间更加坦率，对话更加真诚，意见交换更加频繁，责任更加清晰，信任不断增强，恐怖管理日益减少。决策在实施中，公司正在进步，不断向前。很多高管非常惊讶，经过这样一场短暂的工作坊，他们就做到了如此团结。

团队辅导干预活动，已被证明是创造网络型组织的优秀方法，因为它最大限度上减少了企业中的偏执思维，而这种思维之前一直成为公司那些名存实亡、多种多样的团队的规范。它消除了竖井心理，开辟了一条新路，让公司成为一个无边界的组织，致力于实现真正的信息交流。如今，所有高管成员都准备着为建立一个更加敏锐的学习型组织而奉献力量。最后但同样重要的一点是，团队辅导经历已经帮助他们能够更为有效地应对一度阻碍他们公司发展的主要弱点：执行力。

思考题

• 你希望你所在的公司成为一个更具网络导向型的组织吗？就现状而言，你的公司看起来距离那个目标很遥远吗？

• 鉴于公司高层互动的现状，他们是否难于达成一个根本性的、统一的愿景呢？

• 你所在的公司是学习型的吗？你公司各部门间互相学习吗？或者，你认为你的公司过于竖井化吗？公司各个部门之间信息共享困难吗？竖井行为与激励制度的关联度有多高？

• 你发现公司的会议没完没了、无聊透顶、漫无目的吗？是否缺乏优先次序？

●如果你们的会议没有收效，是否是因为与会者公开或私下的矛盾没有获得解决呢？是否与高管之间缺乏信任和互敬有关呢？

●在这些会议上做出的决策从未获得实施吗？执行力差是你公司存在的问题吗？你认为公司某些成员从事着不易觉察的破坏—被动—攻击的行为吗？

— 17 —
"你是欧洲人"
认同问题

在互联网上搜索"欧洲"一词，主要搜索引擎会告诉你：欧洲是"位于欧亚大陆最西端的一个洲"。但是，今天在欧洲长大、生活、工作或仅是访问的人，有多少会真正想起它的地理位置或是欧洲各国的国界呢？在欧盟成员国出生的人如何定义欧洲人呢？卡洛斯是这样回答这个问题的：

你问我国家认同的问题，我一时难于回答。我的母亲是西班牙人，我的父亲是德国人，我的妻子是瑞典人。我在瑞典长大，现在生活在英国，但又被认为是欧洲人。事情更复杂的是，我的近亲信奉好几个宗教。有罗马天主教、路德宗、伊斯兰教、犹太教，甚至佛教。当人们问我从哪里来的时候，我发现很难给出一个感觉正确的答案。我记得很小的时候就为此困惑不已。这让我在学校遇到了问题。在我的整个生活历程中，曾有过几个处于分离状态的阶段，感觉没了根，失去了方向。时至今日，我真的还是不知道我是谁。我知道，我该为我的背景欢呼雀跃，然而，我却常常感到空虚。怎么回事呢？

　　卡洛斯处于国家认同的危机之中，其中一个原因可能是他多个欧洲国家的家世背景。因为无法确定所属的国家、宗教或语言，他感觉自己的欧洲身份含糊不清，所以内心十分挣扎。他的困惑带给我们一个基本问题：什么是认同？这个术语其实颇费思量。它存在于几个层面上：文化、性别、职业角色、在家庭中的地位、宗教归属等。但是，无论我们如何定义"认同"，它都是通过社会活动而产生的。作为一个概念，认同是建立在差异（我不是什么）和归属（我是什么）之上的。借助差异或归属，我们就能为自己定位。这意味着，我们很少会只具有一种认同；事实上，我们可能有很多认同，它们互相之间存在着不同程度的张力，就像卡洛斯的故事所展现的那样。我们的认同会随着时间的推移而变化，在人们讲述的关于自己的人生故事中，认同被捕捉到并被强化，从而保持了人们经历的连续性。卡洛斯是一名诞生在瑞典的德裔西班牙欧洲人，努力向人们讲述着一个连贯的人生故事。

同时，他也可能是一位欧洲实验的"受害者"。欧洲各国的国家概念已不那么清晰了。国家认同感被冲淡，构成国家认同的，不再是植根于独特文化和由领土界定的国家中的那些分离的因素。文化相互开放尽管被认为可以丰富人们的经历，但是也可能造成巨大的困惑。它还会导致类偏狂反应，这种情感容易被煽动者所利用。

所幸，不是每个人都受困于这种认同危机。那些具有很强内在安全感的人可以让这种多文化的传承为己所用。具有欧洲人的身份，可以让他们在全球化的环境中居于有利地位，让他们成为更加优秀的世界公民，实现欧共体创立者们的初衷。欧共体创立者们所关注的，是希望通过欧洲诸国的和解，而不是通过力量的平衡，来实现欧洲的安定——并进而避免未来的战争。所有创立者秉持欧洲团结的理念，签约立誓。

然而，欧洲只有一小部分人会说，他们觉得自己首先是"欧洲人"。单一的欧洲认同所面临的最大挑战是欧洲多语言的现实。对于欧洲的不同人群来说，没有一种共同的语言让大家使用起来都觉得轻松自在。在多数国家，英语是最为常用的第二语言。但是，任何试图将英语作为通用语的努力都遭受了巨大的阻力，这反映了国家的敏感性和自尊。在欧洲，宗教也存在着显著差异，对法律事务，尤其是婚姻法，已经产生了巨大的影响。这些宗教差异会依次影响人们的价值观、信念、态度和行为，进而会不可避免地影响人们的工作和相互关系。

当人们像卡洛斯那样对自我认同存在不确定感的时候，排外的情绪就开始萌发了。排外的根源在于害怕自我的文化和认同败给另一个文化和认同——这里指的是欧洲和欧洲之外的世界。在面对那些来自本国和欧洲边界之外的移民时，排外尤其明显。但是，尽管存在着这些倒退的乃至类偏狂的行为，但是在过去的五十年中，欧洲人对彼此的社会、政治、文化和地理认知都发生了剧烈的变化。在《申根协定》覆盖的领土区域内，国家边界尽管仍然关乎人们的集体认同，但是，已不再成为大多数欧洲人口流动的障碍。今日的欧盟是现今欧洲最重要的单一体制结构。欧元尽管处于困境，但从很多方面来说，都是欧洲"欧洲化"进程中的一座重要里程碑。

欧洲人所共有的传统形成了众多十分显著的特征。例如，作为欧洲人的一个特点是重视国家的社会责任，多数欧洲人也将其与社会保障体系关联起来。当然，欧盟各国人口在日常生活中对政府依靠的程度还是存在着差别的。福利国家的居民可以指望从财富的再分配中获益，而其他国家的居民则需要更多地自力更生。但是，不论哪种情况，一如对环境的关注，生活质量都排在各国优先事项的前列。而且，欧洲人注重教育，视其为人权，所以人们期望政府能在这方面起到重要作用。维持和平是一个重要事项。欧盟各国如今非常反对通过军事手段来实现政治目标。各国重视公民的下述权利：抗议、持异议、获得公正，以及生活中没有恐惧、审查、贫困、憎恶和偏见。他们支持性别平等，尊重其他民族。他们相信民主是最佳的政府形式。

欧洲认同另一显著特征是致力于共享文化体验，比如：致力于欧洲电影和音乐产业、其他艺术形式、教育，以及持续的文化体验交流等。特别是教育，包括正式的教学方式以及非正式的媒体教学，已经成为增强欧洲认同的基本工具。但是，鉴于欧洲各国存在着不同的教育体系（课程及要求往往不相容），所以，学位授予规则和程序一直存在着统一化的强劲趋势，为的是让教育程度的衡量标准趋同。鹿特丹大学欧洲青年人交流项目，能够让年轻人在整个欧洲范围内进行学习和工作，这也可以被视为一股实现统一化的力量。

　　另一个走向统一化的动向是各种消费模式和生活方式的大融合。但是，尽管存在着诸多和谐的力量，但是两种相对立的消费趋势依然并存着。一种趋势强调国家认同以及差异权利的重要性，另一种则倡导共同认同的权利。

　　这些发展潮流导致欧洲采取的是渐进式的领导模式，与美国的大相径庭——美国是一种独特的模式，在我们全球化的世界中非常有效。欧洲这些迥异的领导模式中的一部分又发展成为更具可持续性、着眼长远的领导形式。例如，美国的领导风格是偏重短期利益、过度注重资本市场和财政、对于股东价值的概念的理解过于简单化，而欧洲的领导取向可以描述为一种受文明社会体制制约的、更负责的资本主义。欧洲的领导模式更多地植根于长远思维。

诚然，以达成一致为导向的欧洲领导风格是以速度为代价的。然而，尽管在欧洲模式下，节奏和执行相对较慢，但是，一旦每个人都参与并支持决策，那么决策的执行就会不断提速。

在欧洲，变革的发生往往采取递进式，而不是采取决绝或突破性的方式。我们由此可以假设出现这样一种结果，即，美国发展更具创新性的管理技术和风格，并且能更快地适应这些创新。而欧洲应用这些创新可能更慢一些，但是实施起来却更顺畅。鉴于欧洲持有更具社会性的观点，所以欧洲往往不像美国那般受市场经济的驱动，竞争力也不那么强。欧洲倾向于更加相信社会价值观，更加关注生活质量，更加注重人民的福祉，由此，对于动机以及如何对待员工，形成了不同的观点。

认识到做一名欧洲人意味着什么以后（即使他存在着认同危机），卡洛斯应该明白，拥有这样丰富的家世是件大好事，尤其是在当今世界，全球化已然成真、诸多公司本身也日益变得全球化的情况下。他应该认识到，只要他觉得不论从个人角度，还是从作为不同身份的认同者的角度出发，他都能从这样的家世中受益，那么，国家认同和欧洲身份的认同，二者是可以并存的。诚然，正如他的困惑所表明的那样，欧洲认同的产生，会让某些人丧失参照点，给他们带来不确定感和脆弱感。但是，卡洛斯的困惑是可以缓解的，但他需要改变思维取向、接受矛盾的现实、承认他的认同正处于发展中，正在向着让自己变成一个真正的欧洲人的方向前进。

思考题

● 你思考过成为一名欧洲人意味着什么吗？你愿意成为欧洲的一分子吗？或者，你是否内心为此矛盾？

● 你知道个人认同和国家认同是如何形成的，以及这些认同是如何影响你的观点、行为和决策方式的吗？

● 你是否注重国家认同的问题？若是，那么你清楚你的国家的社会价值观和规范——你们共同的文化吗？

● 在当今世界，你知道你如何成为"你"——你如何能够适应发生的变化并且保持文化连续性吗？

● 在国家认同上，是否经过一段时期以后你的观点发生了变化？你认为你正在与你父母的价值观渐行渐远吗？

●如果不放弃与过去的联系，你觉得自己有可能适应周围发生的变化吗？你知道如何解开这样的困局吗？你有时觉得"卡在中间了"吗？

●外国移民涌入你的国家，你觉得移民对你有威胁吗？若有，你如何做出反应？

— 18 —

如果你在那里能做得到……
全球化辅导

    事实表明，迁居巴西比奥古斯都预想得复杂。整个经历就是一场真正的文化休克。奥古斯都一家为了适应他们的新生活，经历了一段艰难的时期，孩子们到一个新的学校就读实为不易。尽管他们很快克服了语言障碍，但是他们思念家乡的朋友。奥古斯都和玛丽安此前已把这次搬迁描述为一场历险，但实际情况远非如此。一开始，房子出了问题。施工人员答应来处理，但很少守约。他们似乎从未听到对方给出过时间表——与玛丽安的风格完全不同。玛丽安被任命为拉丁美洲销售负责人后，他们一家就搬到了圣保罗。现在，玛丽安对她的新岗位忧心忡忡，感到被总部抛弃了一般。她每天工作的时间很长，回到家后精疲力竭。给孩子们读故事书的时候，也无精打采。之后，还要用心处理邮件，最后才瘫倒到床上休息。他们夫妻俩难于说上几句话，性生活也无从谈起。当奥古斯都抱怨他们婚姻现状的时候，玛丽安就反驳说他不该喝太多的酒。可是，为了放松一下，喝上几杯是大错吗？

作为一名学者，奥古斯都曾希望在巴西的大学里谋得一个教授的职位，但是，实现这一愿望同样也不是他所想象的那么轻而易举。不过，这样的结果或许也不那么糟糕：他可以获得时间和灵感来创作小说了。然而，他的小说毫无进展，他总是有太多的事情要处理。

奥古斯都日益幻想着能够回家去。最近，唯一一件好的事情是玛丽安一改之前对他的感受的不闻不问，开始表现出对他有所关注了。或许她现在意识到，如果情况一路恶化下去，他们最后可能只有分道扬镳了。

当然，玛丽安早就了解丈夫的不快。然而，她的新工作有压力，她还是唯一养家糊口的人，这一切才是她的当务之急。但是，一次她与到访圣保罗的老朋友共进午餐的时候，情况发生了转折。这位老朋友是高管教练，也是一位心理治疗师，他非常善于倾听。更妙的是，听到她的忧虑之后，他介绍她联络一位在圣保罗的高管教练——这位教练在处理外派人员的问题方面经验十分丰富。

事后证明这是一次十分有益的经历。这位教练提出与玛丽安和奥古斯都共同努力，帮助他们走出婚姻的困境。在此过程中，她向他们提供了很多关于如何在巴西生活的深刻见解——如何决策和如何做好工作。尤其是，她帮助了奥古斯都，让他能够更好地应对他的新角色、新环境和新的本地文化，让他不再有那么强的飘零感。她对玛丽安的干预活动，帮助玛丽安对海外就职所造成的职业影响有了更加清晰的认识。她与玛丽安一同探讨了怎样做才能获得总部更好的支持。事实表明，在帮助这对夫妇解决适应问题的过程中，教练起到了难以估量的作用。

奥古斯都思忖，当他们迁居巴西的时候，玛丽安的公司当初为什么没有做些更具前瞻性的工作呢？教练明确地告诉他们，他们所遇到的根本不是什么不同寻常的困难。为什么公司从来没有简要地告知如何应对文化差异呢？他觉得他们两个人注定是要走向失败而不是成功。公司似乎没有制订任何具文化适宜性的企业规划。总部将玛丽安置于被抛弃的境地：既没有明确说明她在巴西的工作经历会对她的长期职业生涯产生什么样的支持作用，也没有表示当她最终从巴西回国后，总部希望给予哪些帮助。

玛丽安和奥古斯都的经历解释了众多国外派遣任务失败的原因。正如教练对他们所说的，他们的情况是个代表性的案例：一名经理人被派遣到国外工作并全身心投入到新岗位，而安家的所有麻烦事则丢给了配偶处理。如果在新的文化环境中不能实现顺利过渡，那么这次外派任务将影响一段情感或婚姻的成败。当陪同配偶在新的国家不能追求自己的事业，或者其个人的自由甚至受到限制的话，那么情况常常会变糟。由于丧失了独立性和地位，发生某种认同危机是常见的。生活圈与职业圈的匹配度对于外派任务的成败也起到关键作用，因为比起其他人，高管们在人生的某些阶段的变动性要更大。

根据派遣国的不同，外派任务的失败比率在10%到50%间波动。派遣到新型经济体的失败比率要高于派遣到发达国家的比率。无法适应新文化，无法应对与派遣任务相关的挑战，难于解决配偶就业机会有限的问题，这些都是常提及的导致派遣任务失败的主要因素。专门以外派夫妇及其家人为对象的跨文化辅导，能够降低外派任务失败的概率，但是，遗憾的是，并没有多少公司对婚姻和家庭动机以及接受外派任务的心理准备进行评估。公司这类服务的缺失令人费解，这不仅是因为外派高管的代价高昂，也因为外派任务的成败在很大程度上要依赖于外派人员的配偶乃至更多的家庭成员。

对于太多的公司来说，选择外派高管的根本标准是技术能力。如果高管在国内工作突出，就会认为他们在另一国家的表现会同样出色。让他们为在另一文化或环境中工作做好准备似乎不在考虑的范围。总之，认为高管能够解决阻碍他们的问题——如果出现了什么状况，他们应该能够搞定。

不可否认，技术能力对于某些外派任务——新车间建设的监督、工厂扩建，或者成立新办公地点——是必不可少的，但是还不够。外派任务的成功还需要外派者，尤其是身处高管岗位的人，具备某些人际交往能力和意识。

决定外派任务成功与否的一个主要因素是文化适应力。决定文化适应力的最为常见的变量包括开放的心态、自信、处理模棱两可情况的能力、与人交往的能力（具有合作性）和好奇心。其他因素包括思维的灵活性、稳定的婚姻或恋情、之前的社会和跨文化经历以及身心耐受力，这些因素产生影响的权重，依据国家和工作类型的不同而不同。具有文化适应力的高管，更容易从一种文化过渡到另一种文化。

经验告诉我，在遴选外派候选人的过程中，对于候选人情商的考量越多，外派任务的成功率也就越高。不幸的是，选人标准的确定太多的时候是在真空中进行。在选人阶段，很少征求来自母国侨民——将会与外派经理共事的人——的建议。

影响外派者成败的另一个极为重要的因素是其配偶和孩子们的经历。一位外派高管未能完成在国外的任期，最为常见的原因是其配偶的负面反应。尽管如此，鲜有哪个公司在选人的过程中会面试候选人的配偶，而将配偶也列入培训计划的公司则更少。未能认识到这一点，对于公司和外派家庭来说都是一个代价高昂的疏漏。

外派人员的教养和性格也影响外派任务的成败。例如，孩子在年幼时跨文化经历越多，当他们成年后供职跨国企业时，他们则更有可能形成有效领导力所需的文化同理心。成人在童年时是否接触到不同的国家和语言，是其在后来生活中能否很好地应对文化多样性的决定性因素。来自跨文化婚姻、父母使用两种语言或外交官家庭的孩子，或者经常出差的高管，有更多的机会接触多样文化的环境。

从心理学的角度看，我注意到那些成功的外派人员都具有略微矛盾的性格特点。一方面，他们要成为"变色龙"——即，他们要具有灵活性，要能够从他们所处的环境中捕捉到有关信号，相应地塑造自我和自我的行为，以便融入环境。这样高的适应力的负面作用是，他们会被认为是在情感和社交上比较肤浅。另一方面，他们也需要一套有韧性的核心价值观，不论他们处于何种环境，都能给予他们指导和支持。其中的挑战是如何将他们的韧性与可塑性有机结合起来。二者并非一定要成为一对矛盾。"本地化"不是解决之道，但对东道国文化敬而远之也不可取。必须为二者找到中间的交集地带。

对于为高管国际派遣任务事先积极进行准备的公司来说，国际高管发展课程正在快速成为其培养未来全球性领导者的必要条件。很多公司把它们有前途的年轻高管送去参加国际高管项目。项目是在国外开展——那里是培养文化意识和适应力的沃土。这些项目中的很多活动都是以跨国研究小组的形式进行。在众多项目中，参与者必须紧密合作；为了取得成功，他们必须培养跨文化思维。这样的过程最大程度地减少了民族优越感。

在职培训提供了另外一种教育方式，也是同等重要的。在职业生涯的早期获得国际领导的经历——承担损益责任——是很重要的。这些经历中应包括在多元文化团队工作的体验。这类早期的国际经历，可以很好地检验年轻的高管全球性领导的潜力。他们磨砺了自己的能力，准备去应对未来在领导力方面可能遇到的艰难挑战。

全球性公司应确保在每个高管发展项目中以及在外派人员整个外派期间，都要进行跨文化辅导。要寻求富有国际工作经验背景的高管教练的帮助，当外派人员及其家庭需要解决在执行外派任务期间遇到的诸多挑战的时候，他们可以提供支持。将这一内容列入外派人员待遇中，对有关各方都是一个双赢的构想。

思考题

● 对于一名即将执行外派任务的人员，你会提出哪些建议？

●如果公司要求你执行外派任务，那么你公司里有什么人既能向你解释派驻国文化，又能知道哪些人能成为你关系网的一员吗？

●你的公司举行跨文化培训吗？公司关注你的配偶和孩子的适应力吗？

●归国的安排怎么样？在处理派遣人员归国方面，你的公司成功吗？很多归国人员存在逆向文化休克的问题吗？

●面对一个新的文化，什么令你最惊讶？

●从更有可能成功执行外派任务的人员的身上，你会发现什么特点？

●你认为人力资源部门该如何处理这些外派任务？

●国外生活对你产生了怎样的影响？你学到了什么？你改变了吗？

19

狂野领导
职场中寻求刺激的人

劳伦斯·戴文是一家大型零售集团的销售副总裁。当被告知紧急与 CEO 见面时，他知道不是什么好消息。显然，他重蹈覆辙了。为什么他总是把自己置于这样糟糕的境地呢？

认识劳伦斯的人，觉得他是一个纯粹追求刺激的人——喜欢冒险。他的同事时常纳闷儿，他是怎么把他那纷乱的生活方式管理好的。表面看起来，他似乎比多数人更喜欢混沌状态的生活。但是，在事情变得糟糕时，他也能够保持清醒。不幸的是，他的行为方式让他变得很难对付。每每办公室生活变得平淡无奇的时候，他就会变着法儿地想惹出点儿什么事来，让所有人都知道他觉得无聊了。办公室很多人认为，他的那些上级之所以容忍他，只是因为他的销售业绩是一流的。在开发新客户方面，劳伦斯一直是表现最好的之一（即使不是唯一最好的）。他也因思考"不拘一格"而闻名。他被视为公司最有创造力的人之一。

他的私生活一团糟，这在意料之中。劳伦斯是公认的享乐派、烟鬼、酒鬼和赌徒。他因举行狂野派对和沉迷女色而臭名远播。他讲述的度假经历永远是娱乐的来源。劳伦斯还对极限运动感兴趣，包括悬挂式滑翔、跳伞和蹦极。他对赛车的热情差点要了他的命。如果这一切还不够给人几辈子刺激的话，那他另外还有两段短暂、暴风雨般的婚史。据传言，他一直迷恋高风险的性行为，有多个性伙伴。

然而最近，他的私生活严重侵扰了职场气氛。当时，他的一名同事因为劳伦斯与其妻有染而公开发飙。这个事件引起了 CEO 的关注。现在，她在想该如何处治劳伦斯。她该让他走人吗？

你喜欢探索未知地点吗？你喜欢做可怕的事情、进行有风险和冒险的活动以及参加带来非常感受的体育运动吗？你喜欢狂野派对、酗酒、吸毒和色情吗？你愿意与变幻莫测但令人兴奋的人为伍吗？你讨厌惯常的活动吗？

如果你对这些问题的回答多数是肯定的，那么，你可能在某些方面与劳伦斯有共同之处。你可能与众不同。你可能喜欢追求刺激——追求新鲜和强烈的体验与感受。你可能对冒险着迷。心理学家弗兰克·法雷将劳伦斯这类人归为 T 型性格，或叫追求刺激型性格。我们中部分人的厌倦门槛较低，很容易受到激发。而 T 型人的厌倦门槛要高得多，需要更大的刺激才能将他们唤起。T 型性格迷恋冒险、刺激性活动、令人兴奋的事物以及激发性活动。T 型性格的人只有从事极端冒险活动或进行不羁行为，才能获得他们所寻求的那种快乐。

远在 T 型性格划分法渐为人知以前，精神病学家迈克尔·巴林特就区分了两类人，分别把他们命名为亲客体倾向者（不喜欢冒险的类型）和疏客体倾向者（追求刺激者）。他们可以被视为神经质冲突范围内的极端状况。从心理学的角度看，疏客体倾向行为可以被视为一种自我治疗的行为，能够转移这类人对压抑和焦虑的不良感受的注意力。

与巴林特的观点不同，一些神经系统科学家认为，一个人是否成为寻求刺激者可能是一个基于遗传的问题，而非个人成长的问题。有证据显示，寻求刺激可能有遗传的原因，与各种荷尔蒙以及神经递质有关联。但是，我们一出生，决定我们成为什么样人的基本结构就形成了；最终出现什么样的结果在很大程度上有赖于环境接触。

按照神经系统科学家的观点，寻求高度刺激的人的大脑的结构可能与规避风险的人不同。这种差异解释了，为什么追求刺激者被驱使着过度沉迷那些让人成瘾的物质和活动，这些物质和活动可以刺激他们的神经受体。例如，我们可以假设，像劳伦斯这样追求刺激的人的大脑中记录快乐和满足感受的多巴胺受体较少。为了获得良好的感觉，他们需要更高水平的内啡肽活动。由于内啡肽负责获得幸福感以及缓解疼痛，所以像劳伦斯这样的人喜欢追求刺激就并不令人感到意外了。他们的睾酮水平也是一个影响因素，因为睾酮似乎与不羁行为有关。

劳伦斯类的人是肾上腺素迷。他们喜欢过惊险刺激的生活。他们需要与死神戏耍，以便感到自己是活着的。这些追求刺激者中的一部分会把他们这种性格用于好的方面，而其他人则相反，甚至会从事反社会的行为。他们可能成为罪犯、暴力分子或恐怖分子——其目的仅是寻求刺激。

那么，我们该如何对待这些人呢？我们该如何帮助他们与社会相融呢？我们该如何引导他们性格中的积极因素，减少他们性格中的消极因素呢？我们如何才能让他们实现最佳表现呢？

像劳伦斯这样追求刺激的人，与规范化的社会总是存在着矛盾。他们的行为注定会带来一定数量的冲突。同时，由于他们冒险的偏好，很多 T 型性格的人都能够在科学、商业、政府和教育领域展现出最高的创造力和创新水准。但是，决定聘用这类人的雇主应该弄明白他们的喜好。T 型性格会给组织过程带来浩劫。

对于追求刺激的人来说，他们在选择适合自己工作的时候必须十分谨慎。他们极易厌倦，不喜欢重复、一成不变，不喜欢与无趣的人打交道，因此，需要找到创造性的解决办法，建设性地引导他们发挥自身巨大的能量。从事包含新奇、刺激和非常规活动的岗位——需要高度灵活性、无一定之规的任务，他们将可施展拳脚。

T 型性格人的管理者，不要太在乎他们有失条理的行为。管理者需要认识到，有些人虽然条理清楚，但并不是很有创造力。有些人很有创造力，但在条理性方面一塌糊涂。其中的挑战是既要帮助他们更好地构建生活，又要给

159

他们留有释放性格天性的空间。

有一个起作用的办法：寻求与 T 型性格人具有互补性技能的同事的帮助。他们一起共事可以构建有效的管理层角色组合，实现和大于加数的效果。限制 T 型性格人员所承担的管理他人的责任也是一个好主意；管理不太可能是他们的长项。

劳伦斯最近的过犯被披露出来以后，纵然他颇有才华，但也无法令其在公司容身了。到了这个地步，他已无法挽回局面。我们只能寄望他能引以为戒，以此为契机，开始修正自己的行为，施展自己的过人才华。他快速适应的能力、他应对困难的能力以及他敢于采用创造性解决方案的能力，在任何公司都将大有用武之地。

思考题

• 你总是渴望获得新的体验吗？你一直在寻求新的刺激吗？你想要违规吗？

• 你喜欢冒险吗？你喜欢做刺激的事情吗？

• 你更喜欢一切在意料之中的朋友还是经常带给你惊

喜的朋友?

● 你喜欢性冒险吗?

● 如果没有高强度的刺激,你很快就会厌倦吗?

● 你更喜欢哪一个:新奇、有刺激和不寻常的活动以及需要灵活性、无一定之规的任务,还是基于按部就班和惯常做法,有一定之规、充分界定的任务?

● 你属于追求刺激的类型,那么你弄清楚了哪种组织环境最适合你吗?

— 20 —
闪耀、闪耀、闪耀
谈谈成为明星人士

在多年的研究中，我发现组织中那些成功人士往往可以成为悖论研究的对象。他们展现出很多矛盾的行为模式。但是，也恰恰是这些相悖的行为才让他们如此成功。但是，发现谁是新星实在是一项挑战，主要原因是我们无法永远确信我们找寻的是什么。有些人给我们的印象是，他们是"金色的蛹"，但最终却未能化茧成蝶。其他一些蝴蝶，则突然间凭空就冒了出来。

是什么让那些经蛹成蝶者如此出众呢？他们具备了哪些素质，让他们成为表现最为出色的人？他们今天取得的一切是靠运气还是靠关系？或者，仅仅是因为对的人在对的时候到了一个对的地方吗？

很多领导者认为明星的特质在某种程度上是与生俱来

的。我的一些观察或许有助于理清一些普遍存在的关于明星人士的迷思，帮助我们认识到他们所具有的那些令人费解的素质。成功的高管各式各样、不一而足。尽管非常成功的人士具备许多相同的素质，但是环境也很重要。恰如婴孩从母体出，明星是出自"星座"。明星的地位很大程度上依赖于"星星"间高度复杂的联系，依赖于共事者的类型，依赖于工作的环境——国家的政治状况、国家和组织的文化、行业性质、组织的生命周期、经济状态等等。

我曾听过数以千计的非常成功的高管的讲述，所以我可以很自信地断言，明星地位的取得不是运气的问题；它是一个选择的问题，此外它还是一个因果的问题。虽然机遇也是成功的一个因素，但是这个解释不那么有说服力。常言道："越努力，越幸运"，其中说明的道理是很深刻的。那些优秀人士给我讲的故事告诉我，他们的"运气"是准备、坚持和机遇的结合体。通常，高管们都进行大量艰辛的工作和准备，所以当任何机遇来临时，他们就能够抓住它，如此，他们成为明星的机会就增大了。此外，他们也知道如何积极地扭转困难的局面。

取得明星地位也不仅仅是拥有合适的人脉的问题。人脉会很有帮助，但是很多人脉广泛的人最后都不是很成功的人。之所以能取得明星的地位，是因为多数明星人士对于如何成为明星有一种直觉性的认识。

根据我的经验，明星间的差异在于他们不同的操作模式。他们是行走的矛盾体；他们具有调和不同对立面的本领。心理学家卡尔·荣格曾称之为"神秘合体"，即，协调、弥合或解决定义了人类的两极或二元对立问题——是一种掌控对立面之间的张力的能力。

真正的明星具有创造力，可以管理短期和长期的方向、行动和反思、外向性和内向性、乐观和悲观、控制和自由、整体和个体思维以及硬技能和软技能。此外，他们善于幻想，拥有很高的情感智力，只承担可控的风险，对自身行为负责，具有很大的韧性，精力充沛，付出巨大的（尽管常常无功而返）努力实现某种形式的生活平衡。而且，明星们喜欢探寻不熟悉的事物——他们有好奇心、有想象力、有洞察力。他们兴趣广泛，他们愿意尝试新体验。他们喜欢与新观念为伍；熟悉和惯常的事物会让他们厌倦；他们对模棱两可的状态有巨大的容忍力。他们喜欢绕开那些经过实践检验的东西，仅是因为这样做与众不同。

另外，他们的行为具有感染力；其他人会受到鼓舞而去效法。鉴于他们思维的特点，所以明星们更有可能给予其下属实验的机会。他们愿意给予他人多次机会以及存疑的空间。明星们既可能决策果断，也可能极其谨慎。他们既叛逆也保守，既戏谑也负责任，既深思熟虑也行事积极。他们喜交际，但也需要独处；他们想象力丰富，但又保持实实在在的现实感。他们是思维既发散又聚敛的思想者。明星们具有从一种模式向另一种模式转换的能力。

　　对于那些立志成为明星，或者那些仰慕明星的人，有一个好消息：优秀人士是可以制造出来的。天性的作用固然不可完全低估，但后天的培养具有重要作用。明星不是天生的。他们很多的心理因素和行为特点是可以通过学习获得的。我们年轻的时候，性格的可塑性很大，早期的经历非常重要。在生命中的这个阶段，如果能够打下良好的基础，那么之后的成长活动对于成为明星是非常有益的。优秀人士的成长经历——他们先天的遗传以及他们早期的模仿，再结合他们在童年时期经历的重要事件——对他们的性格和职业发展具有重要影响。这些奠定了成为明星的基础。

我研究优秀人士已 40 余年。二十多年来，我常年奔走于 CEO 研讨会，让我为优秀人士绘制出了全面而具深刻认识的心理肖像。它给我提供了丰富的数据，让我有机会在密切相处的背景下观察明星们。在获得这些信息的过程中，一系列 "720°" 反馈工具给予了我帮助，收集到了明星的同事、朋友和家人——包括孩子的反馈信息，让我获取了有关这些明星（及他人）的数据。这些工具给我提供了丰富的信息，它们涉及明星在多种背景下的性格和行为模式。在这一切的帮助下，我弄清楚了他们行为中的悖论特性。

但是，确认了哪些人具有明星潜质以后，你如何让他们实现最佳表现呢？你如何培养他们呢？我的观察告诉我，培养明星最有效的策略是进行自我评估、行动学习以及角色模仿（影子练习）。当然，训练他们的同时，他们主动进行这些行为，会很有帮助的。最佳的办法是同时采用所有这些干预手段。

明星之路发轫于内心。自我意识是构建自尊和自信最重要的因素之一。自我意识可以帮助我们认识到我们的驱动力是什么、我们厌烦什么、我们因何高兴以及我们的热情所在。它帮助我们认清我们该如何完善自己。自我意识的增强，可以帮助我们对自我能力有更加实际的认识。当我们未充分发挥能力的时候，我们能够意识到。我们能够知道自己需要在哪方面下功夫。自我意识的增强，能够帮助我们提高想象力、创造力、直觉力、意志力和目的性。快速提高自我意识的理想方法是借助多方反馈，系统性收集和评价不同的人对我们的表现的不同的观点。我发现，多方反馈——尤其是在团队背景下——是设定动态发展过程的最优方法。

行动学习是一个过程，在此过程中，将一群技能水平和经验不同的人汇集在一起，以他们的工作为学习的基础，共同分析工作中遇到的实际问题，制订行动方案。按照传统的学习模式，人们要脱岗上课和参加外部辅导，这个方法则相反。行动学习法是在做中学，或叫在岗学习。通过这样的学习过程，高管们对自己以及其他人解决问题的方法有了更多的了解，而且还获得了在团体维度下看待问题的机会。行动学习是优秀人士通过处理现实世界的重要问题来达到学习目的的一个很好的办法。对于那些未来之星来说，他们被带离自己的舒适地带，获得与其他颇具潜质的人员合作共事和学习的机会。

多数人都是通过范例进行学习的。我们在最早期的工作经历中会观察到一些榜样，从他们的身上我们学到的东西最多。在我们生命中这个阶段遇到的老板，给我们留下的记忆最深。显然，学习优秀的老板比学习糟糕的老板更有吸引力，但是很多未来之星也会向糟糕的老板学习。这些不那么愉快的经历可以教会他们如何进行管理——他们应该避免对别人做哪些事情。通过观察有经验的高管如何履行日常职责，这些冉冉升起的明星可以边看边学，在做的过程中提出问题，将他们的专业学识应用到实践中。

多年来，我听过很多明星的讲述，我了解到，真正的失败只有一个，那就是没有尝试走一条具有挑战性的发展道路。探知可能性的极限的唯一道路是冒险跨越这个极限，让自己走向未知。优秀不是最后的结果——它应成为一个观念。它是以不寻常的方法做寻常的事情。它代表永远追求更好的愿望。为了成功，我们必须冲出舒适地带，学会与陌生和未知愉快为伍。

思考题

● 你花费多大精力来更好地了解自己？你认为你对自

己的管理好吗？你准备让自己进行多方反馈练习吗？

● 你认为你个人的价值观与所在组织的价值观一致吗？

● 你做每一件事情都很有热情吗？你做每一件事情都很投入吗？

● 你是否总是准备着接受艰难、有挑战性的任务？

● 你对所在组织有全景式的了解吗？你是否还进一步深入了解了"战壕里"① 的情况？

● 你知道如何积极地重构困难的局面吗？

● 你有勇气做出真正艰难的决定吗？

● 你觉得你诚实吗？你的共事者信任你吗？

● 你视自己为团队一员吗？你是一名好的网络型员工吗？你能在别人需要时给予帮助吗？

● 你允许别人犯错吗？你会为所犯错误承担责任吗？

---

① 战壕里：指的是最重要的位置。

21
尽力而为
谈谈快乐

卡尔不快乐。他这样已经好久了。工作、生活，还有整个世界，都令他不快。但其中最让他不快的是他自己。卡尔就如同自怜自哀俱乐部的正式会员一般。他眼中的世界永远是黑暗的。他是一名悲观主义者和抱怨者，觉得自己命定不幸。生活对他不公，他深受其害。其他人比他幸运得多，他嫉妒他们。他几乎不思改进，对于善待他的人，他从不表示任何谢意。他的妻子厌烦透顶，已智穷力竭。她努力帮助卡尔，但她的任何努力都付诸东流。

在工作中，情况同样糟糕。卡尔是销售副总裁。他的消极情绪在公司是出了名的。他不会褒奖任何工作出色的人。他在哪里现身，哪里就士气低落，工作效率就受到影响——他似乎有一种让人展现最糟一面的绝招。他的同事们一直提醒他积极的方式会带来的好处，但是没有收效。

事实上，卡尔并不喜欢他的工作，他是在不知不觉间做上这份工作的。但是，当被问及他是否感兴趣换一份令他感到更满意、更有意义的工作时，他给出了可以预期的回答：那是"不可能完成的任务"①。他总是避免冒险。他还对金钱忧心忡忡，担心岗位的变化会造成负面财务后果。鲜有什么让卡尔感兴趣——在当地酒吧独饮是仅存的例外。多数认识卡尔的人都把他看成一个悲剧式的人物，因为他从未充分发挥自己的能力或者发掘出全部的潜能。

卡尔的故事提出了一系列问题。为什么有的人对他们的生活状况满意，而那么多的人却闷闷不乐？这两类人的区别在哪里？是人们自寻烦恼吗？

值得注意的是，当人们被问及对生活的期盼是什么的时候，多数的回答将快乐列在众多期盼的首位。它是我们在生活中追求的——即使不是首要的，也是最重要的——目标之一。

说到快乐的时候，我们多数人所想象的是好生活、没有磨难、事事兴旺、富裕、自我感觉良好、欢快的心情。

① 不可能完成的任务：是电影《碟中谍》的英文原名。

一般来说，快乐在很大程度上会归结到一句中国格言所描述的那样："有所为，有所爱，有所盼。"

快乐不是一个持久的状态：它由短暂的时刻组成，此一时有，下一时无。我们越是追求，它越是容易溜走。它不是需要抵达的终点，而是路途上诸多体验的集合。在很多情况下，快乐和悲伤相依而行。为了体验真正的快乐，我们似乎也要经历痛苦的打击，这样，我们才能认识到在不快时期之后出现的快乐到底是什么。亚里士多德把"快感"和"幸福"进行了区分。快感，意味着即时的快乐——片刻的体验；而幸福，他描述为美好的生活，是人对自己生活满意的沉思性体验。

进化心理学家借用快乐水车的形象来解释，为什么快乐的增加和减少（在发生重要事件之后）最终会归于一个设定值。任何快乐的增加都是暂时的，因为我们很快就会适应这个变化。不论发生什么，我们快乐的水平都会回归我们情感和心理的基线。

这些内心动态表明，如果没有快乐水车的存在，我们这个物种就已经绝迹了。我们所具有的善于做出合理化解释的这个特别的本事，帮助我们生存了下来。人类的大脑有一种独特的能力，可以预测未来（这是大脑额叶的功能）。我们对未来的展望，无论立脚点在何处，并不完全是正面的。因此，为了我们的心理健康并生存下去，对于智慧人来说，至关重要的是要具有设定为正值的快乐基线。

鉴于快乐水车所包含的进化要素，我们可以假定遗传对于快乐具有重要影响。一些研究人员提出良好感觉的遗传率的设定值为50%。除了遗传之外，还有另外两个变量需要考虑。第一个是我们的个人环境，即，我们生活中发生的事件。儿时创伤或者创伤后应激（出现在战争或受伤这些极端经历之后）会对我们主观的快乐体验产生反作用。第二个是我们的有意举动，其设定值约为40%。积极心理学家很重视这一变量。

这些研究表明，我们有能力做出可以影响我们快乐的选择。我们获得快乐的能力，很大一部分存在于我们改变的力量之中。这意味着，如果卡尔很赞同这一点，那么甚至他也具备能变得远远比现在快乐的能力。

但一个人快乐或不快乐不仅仅是性格的问题。它也与我们处于什么样的社会有关系。

据世界卫生组织调查，每20个人中有1人抑郁，全球有 3.5 亿人受抑郁困扰。而在美国 12 岁以上的人群中，每 10 人中就有 1 人接受抗抑郁治疗。

这些令人不快的统计数据甚至促使人们发布了《全球幸福指数报告》。该报告考虑了如下因素：实际人均 GDP、预期寿命、社会支持、有意识地做出生活选择的自由、廉洁程度和慷慨大度。在最近发布的一期报告中，丹麦成为榜单的"头名"，而布隆迪则垫底。

意料之中的是，那些最不幸福的国家都饱受战乱之苦，受到经济、政治或社会剧变的影响，或者同时受三者的影响。与此形成对照的是，直接民主以及有可能对社会和政府施加影响，会提高我们的生活质量。从《全球幸福指数报告》及其他类似的调查报告中，我们可以做出这样的推断：基本的自由是快乐的根本。

非常有趣的是，在决定一个社会幸福与否上，一国的人力资本（社会结构）和自然资本（自然）的影响力可能要大于金融资本（收入）。更有钱的人比别人更快乐，这个推断是不正确的。收入和快乐的相关性是有限的。尽管 GDP 在增长，但我们的快乐水平却开始下降。当我们获得了基本需求（食物、住所、衣物）所需的充足资源后，似乎钱的多少变得不那么重要了。

实际上，金钱的累积有可能导致我们快乐的体验下降。一心注重物质财富对人是有害的。人们会被占有欲水车（被不快乐和不安全感驱使着）控制，变得贪得无厌。占有欲与众多的身心健康问题相关联。

物质财富是一个相对的概念。即使一个拥有巨额财富和高收入的人，也免不了要把自己和那些更富有的人比较。作为社会性动物，我们的自尊和快乐感部分是源于与他人——那些我们觉得自己应与其不相上下或努力仿效的人群或个人——的对比中。对成功的感知是相对的，因为只有当我们比我们拿来比较的人做得更好的时候，我们才会觉得成功。

当出现巨大差距的时候，不快乐的程度就有可能加深。社会各阶层间收入严重失衡会对社会的幸福感产生负面的影响。各种研究都指出，在贫富差距最大的国家，幸福感是最低的；而差距较小的国家，幸福感则高些。

所以，我们对快乐的追求应该到什么程度呢？我们有可能提升我们快乐的程度吗？如果回答是肯定的，那么我们应采取什么步骤呢？对于卡尔及像卡尔这样的人，他们的希望在哪里？

我们具有从事有意识活动的自由，这表明我们可以做几件事情来改善我们快乐的状态。针对快乐进行的研究表明，我们应尽可能避免停留在生活中的消极状态中。不快乐的人可以做出更大的努力来管理消极思维和情绪（愤怒、怨恨、嫉妒等），试着培养积极的思维和态度（同理心、平静与感恩）。卡尔的消极心态表明，他不会轻而易举地做出这些改变，是需要做些家庭作业的。到目前为止，他一直关注自己有多少烦心事，而不是有多少福事，所以，他可以从解决如何过更有目的的生活入手。他可以寻找那些与他的价值观和兴趣更契合的活动。他还可以思考一下创造快乐时刻的方法。他不应成为自己消极情绪的被动受害者，不应通过酗酒来取乐；他应该努力变得更加活跃并且实实在在"做"事情。对于实现快乐来说，虽然行动不是万能的，但是，没有行动是万万不能的。

卡尔还应该致力于建立和恢复人际关系，这样他才能与朋友和家人一起过上有质量的生活。良好的人际关系是快乐的必要条件。一旦他与人交往的方式变得更加积极，他会变得对别人更有吸引力，他就会发现快乐是吸引别人的一块磁铁。在恢复人际关系的过程中，他应该远离那些带来压力的人或者令人不快的人。有的时候，结束一段不良的友谊不是一件坏事。它能阻止我们返回当初本不该去的地方。

关注我们有哪些福事——有意识地努力表达感恩，感谢我们生活中发生的那些好事——可以为我们的心理健康带来奇迹。自身的快乐往往是在努力让别人快乐的过程中产生的副产品。如果卡尔能够转换其看待生活的视角，那么，眼前的一切会令其大吃一惊。

令人欣慰的是，我们发现即使我们不能永远快乐，但我们可以创造快乐——为自己、为他人。做出这样的努力是非常值得的：快乐的人也是更加健康的人，他们身居高位，发挥他们的特长、技能和才能造福于自己和他人。而且，快乐的人也更长寿。此外，快乐的人更有可能以多种有益的方式——经济的、社会的、道德的、精神的和心理的——来提升社会的道德品质。

我们个人快乐的程度深受下述各方面的影响：我们做出的选择、我们内在的态度、我们建立人际关系的方式、我们个人的价值观，以及我们的目的性。在创造自己的快

乐方面，我们负有很大的责任。我们要形成这样一个重要
的认识：最快乐的人不一定每个方面都是最佳；最快乐的
人是在每个方面都做出最大的努力。

思考题

●你建立了由你喜欢的人组成的社交网络了吗？你定
期与他们会面吗？

●你定期锻炼身体以保证自己有充足的睡眠吗？

●你每天努力做一些善事吗？

●对于给你的生活带来积极影响的人，你向他们发送
信息说声"谢谢"了吗？

●你定期抽出时间外出融入大自然吗？

●你会静下心来有意识地自我反省吗？

●你定期中断使用数字设备吗？

●每天你是否在日记中写给自己一些话，记录下这一
天中哪些变好了？

第三部分

尽情旋转……

— 22 —

黑、白、灰
应对双极型领导风格

多数认识琼的人都一致认为她不那么好对付。她很快就能令人神经紧张。当然，她的行为也不是一无是处。作为公司的一名高管，她具有诸多优秀品质。她有创造力、工作能力很强、对行业情况了如指掌。既然有如此的才能，她为何要弄出那些"戏码"呢？为何她的观点那么僵化呢？为什么她会大发雷霆、对每件事和每个人都不停地批评、说话半真半假、散布谣言和背后操纵呢？为何她总是强迫每个人选边站队？难道她不晓得——在多数情况下——有一种东西叫作折中吗？然而，在琼的词汇表里，"妥协"一词没有地位。

我们可以将琼的情况描述为双极型领导风格。她的领导世界充满着鲜明的对立。在这个世界里，一切都被"一分两半"。她只与她认为的"好人"相处，不失时机地诋毁那些她认为的"坏人"。这种行为导致，她到了哪里，哪里就出现激烈的争斗。

琼的"毒性"在全公司蔓延，若非360°反馈报告所带来的巨大震动，她的毒性影响还将继续，不会受到制止。360°反馈报告是对公司管理层进行评估的一种手段。该报告表明，琼的同事和直接下属饱受其不当行为之苦。根据他们的反馈，她在全公司范围内造成的困扰让每个人都要发疯。她的行为也具有很大的传染性，在全公司范围内制造了问题。

根据360°反馈的信息，琼的老板直言相告。他认为琼必须改变她的行为，否则她不可能获得她所期盼的晋升。同时，他认可了琼的素质以及她对公司的成功所做出的贡献，他安排她与一位高管教练相配合，帮助她实现转变。于是，我就参与进来了，因为之前我为该公司的 CEO 工作过。

在一开始，我对接受这项任务犹豫不决。过去的经验告诉我，与琼这样具有双极型领导风格的高管相处是一项挑战。众所周知，他们抗拒辅导介入的方法，因为他们很快就把任何试图改变其行为的尝试解读为对他们的攻击。琼这类人会把他们的教练逼疯，就像对他们的同事和直接下属那样。

　　要使辅导取得成功，关键的是要与琼建立一种稳定而正面的关系。然而，她三段失败的婚姻让她丧失了在建立人际关系技巧方面的自信。显然，琼将世界分为好与坏两半的做法已经给她的个人生活带来了巨大的痛苦。正是了解到这一点，我才说服自己接受她的案子。

　　有了人性，就有了将人分为敌和友的策略。人类总是倾向于将宇宙体系定义为光明的美好世界与黑暗的邪恶世界之间的斗争。这样的分裂体现在世界的每一天中。无论到哪里，我们都热衷于黑—白式的叙事，例如好与坏、消极与积极、英雄与坏蛋、朋友与敌人、信者与不信者、爱与恨、生与死、幻想与现实等。宗教更是很容易地将世人划分为信徒和非信徒、基督徒与犹太教徒、穆斯林与基督徒；类似地，政治家们过于简单化的几句语录，就创造出了共和党与民主党、保守党与工党截然对立的阵营。

　　与多数行为模式一样，分裂的做法源于儿时父母对待他们孩子的方式。分裂的倾向与不安全或被中断的依恋行为模式相关——记住，依恋关系是人类所有关系的模板。学习建立有效人际关系的过程始于幼年，在很大程度上有赖于最初的孩子—照料者关系的质量——照料者如何与孩子互动。当孩子成长到可以容忍模棱两可的重要阶段的时候，孩子情感和社交智力的基础就确立了。但是，如果孩子在幼年生活中经历了过多的争吵和不和，那么，就会形成模糊和不稳定的界限，这样，成长中的孩子更有可能采取分裂的方式，把人和情况归类为非好即坏。

分裂，或称非此即彼的思维方式，无法将自我及他人的积极和消极的品性融为一体。这意味着无法调解矛盾的态度，无法接受我们对人或对事可以同时具有正面和负面的情感。尽管分裂的方式是一种非常普通的防御机制，但是对于某些人来说，尤其是对于那些存在成长问题的人来说，分裂就是其防御机制。这种做法勉强让他们获得清晰感。他们能够明确地进行区分，可以将一堆混乱的经验或信息分门别类，让它们变得有意义起来。但是，通过二元透镜观察多面的复杂世界会造成认知扭曲，这意味着我们必然会遗漏一些基本细节。

应对琼的问题，首要的挑战是如何帮助她认识到，生

活在分裂的世界会自食恶果。她要走近世界，观察到世界
细微的差别。首先，琼需要认识到，她对自己内在的想法、
信念、欲望和意图不甚了了。正是如此，她极难解读别人
的欲望和动机。她要变得更善于读懂自己和他人的思想，
要看懂别人的内心并客观审视自己。

帮助琼的过程如履薄冰。由于知道她对于批评意见反
弹强烈，所以，对于如何表达我的反馈意见，我不得不十
分谨慎。在好长时间内，琼都在进行分裂式判断：根据我
是满足了她的情感需要还是令她沮丧了，来判定我是好还
是坏。看待他人时，她会选择性地采用证据，来支持她对
于别人过于简单化的要么黑要么白的看法，她完全没有意
识到她是在自欺。我不断提醒我自己，这是琼为避免自己
被焦虑压垮所采取的办法。这是她保护自尊的方式。我的
任务是帮助她重新调整这份评估，更真实地反映她所遇到
的那些情况。

我没有把重点放在她的职场关系上，相反，我让琼思
考我们两人之间正在发生的事情。通过把重点集中在辅导
关系中所发生的一切，并在出现情况时做出详尽的讲解，
她就能够将她对自己的看法和对我的看法进行对照。其中

的挑战在于，要从她和我的观点出发，探讨其他可选的解释和意愿，从而提高她心理的敏感度。事实上，琼需要学习和再学习一系列事情：如何具有同理心，让他人感觉更舒服；清楚地传达她的思想和情感；控制她的恐惧、羞愧和愤怒。尤为重要的是要让她认识到，她焦虑的程度缩小了她关注的范围，以致她只关注潜在的威胁。通过共同面对这些主题，我们形成了合作性的辅导关系，我们两个人一起负责弄清在此时此地正在发生的思想过程，并反思以前在类似情形下出现了什么样的结果。

渐渐地，琼开始学会在某种情况下如何做出更合适的反应。她开始注意她的情绪波动，努力去稳定情绪，并在做出反应前思考目前发生的情况。她更好地控制了自己的冲动。她逐渐认识到，她的双极型领导风格意味着把自己的恐惧和不安全感投射到了他人身上。虽然过程缓慢，但她确实准备去承认人人都有缺点，没有谁非黑即白，还可以有灰色。

在我们俩所进行的辅导课程之外，还有两件事情对于她的改变起到了另外的支持作用。其一，琼写日记，反思每天发生的事情。这是一个重要的援手，帮助她从旁人的视角看待问题。记录自己的思想，可以帮助她更加有效地以更现实的想法取代那些负面的、自我损害的思维。其二，琼遇到了一个合适的人，建立了新的关系，在这个关系的影响下，她的行为趋于稳定。她既能维持这段新的关系，同时又能努力重建与诸多老朋友的关系，这让我受到鼓舞。这些稳妥的关系成为安全的实验场，帮助她弄清楚之前那些破坏性行为模式产生的原因，从而让她采取新的、更有收效的方式与人相处。

尽管她发生的变化非常缓慢，但是琼最终找到了一个更加有效的生活方式。经过一年的辅导，我可以信心满满地说，她现在的表现非常好。她获得了晋升，而 12 个月前她的老板排除了这种可能。这是她取得进步的明证。

思考题

● 你觉得你思维的灵活度如何？

● 你是否倾向于简单化地看待世界，把人们归到不同的"盒子"里，分成"傻瓜"或棒极了的人？

● 你的领导风格是黑加白的思维还是非此即彼的思维？

●你觉得很难接受世界上存在着深浅不同的灰色吗?你愿意承认人是好与坏并存的吗?

●你知道你为什么觉得世界上的色彩差异鲜明吗? 你知道你这样的看法是怎么产生的吗?

●你是那种认为只有唯一"正确"做事方法的人吗?

●一旦做出了决定,你是否发现难于接受其他观点?你很难改变主意吗?

— 23 —

恐惧失败还是恐惧成功？
应对 C 类员工中的汉尼拔

公元前 218 年，汉尼拔施展"绝技"，带领 4.5 万人和 70 头大象，翻越阿尔卑斯山，完成了军事史上最伟大的壮举之一。他的战略才华、他的胆略以及他作为领导者的天分，使他成为有史以来最伟大的军事统帅之一。面对远远比自身强大的罗马军队，汉尼拔在坎尼会战中取得了决定性的胜利，创造了一个传奇。汉尼拔的败笔是他未能获得那个大战利品：罗马。尽管他有数次机会可以这样做，但他没有选择进攻并征服这座城市。

汉尼拔在关键时刻上的犹豫不决成为军事史上最令人困惑的谜团之一。汉尼拔没有果断决定拿下这座城市，他只是等待。如果他挥师进攻，他将洗劫并摧毁罗马，就像后来罗马人将其家园迦太基城夷为废墟一样。相反，在 15

年中，他和他的军队在意大利东征西战，征服了大片乡村土地。在战斗中即使人数处于劣势，依然战无不胜。最终，罗马人入侵北非，迫使汉尼拔退回迦太基。在迦太基，大西庇阿在扎马战役中决定性地打败了汉尼拔。

从心理学的观点看，有一个有趣的问题，为什么汉尼拔不在他有能力的情况下，乘胜进攻罗马呢？如此犹豫不决是非常奇怪的，因为从幼年起，他的父亲就向他灌输对罗马的深仇大恨。一系列原始资料上都显示，汉尼拔曾向其父亲许诺："我发誓，终此一生……我要用火与刃灭亡罗马。"

对于汉尼拔为何未直取罗马，历史学家们给出了很多合理的战略理由。其中最广为流传的一个是，在人员、钱款和辎重——主要是围城设备——的供应方面，迦太基缺乏切实的保障。没有永久性的辎重基地，汉尼拔就没有长期供养牲畜和人员所需物资的来源。但是，当时的一位历史学家李维指出，如果汉尼拔兵临城下，那么罗马将会在恐慌中俯首称臣，不需要长期围城。

那么，在汉尼拔的行为中，是否深藏着别的什么原因呢？他是否从根本上就恐惧成功呢？

　　我偶尔接触到了一些二十一世纪公司中的汉尼拔。蒂姆是个典型代表。从常春藤盟校毕业以后，蒂姆进入了一家一流的战略咨询公司，担任助理。在这个岗位上，他如鱼得水。他决定攻读 MBA，期望成为业内佼佼者。MBA 毕业后，他进入一家医药公司。在这里，他平步青云，以创记录的速度进入高管团队。然而，当他被挑选继任 CEO 之后，情况开始土崩瓦解。在重要决策上，蒂姆开始拖延。为了应对不那么重要的事项，他推迟处理重要的项目或任务。他在重要决策上的犹豫不决导致公司丧失了关键机会。让他的名声雪上加霜的是，他竟醉醺醺地参加与重要股东举行的会议。尽管起初董事们谅解了蒂姆，但是他们最终感到，除了解雇他，别无选择。

　　为什么蒂姆在之前的工作中是一位明星人士，而一旦成为"老大"之后，就表现失常了呢？为什么这样雄心勃勃、才华横溢的人在 CEO 岗位上无法大展宏图呢？

　　被解雇之后，蒂姆情绪低落，他要求见我。听完他的故事，一切都明朗了。他对成功表现出的明显恐惧可以追根溯源到他的童年时代。显而易见，恐惧在生活中表现太出色，其根源深藏在他的潜意识中。进一步深挖蒂姆的故事，我发现，他认为成功充满着危险，这一观念毁了他。这一观念与他与父亲的关系有渊源。在他的职业生涯中，"不配取得成功"这句自我强加的话始终潜伏在其心灵的某个角落。

根据我收集到的信息，蒂姆的父亲并不十分成功；很多的商业努力都付之东流，这些挫折令他父亲十分痛苦。更糟的是，蒂姆的父亲总是对他十分挑剔，言之凿凿地告诉蒂姆，他觉得蒂姆不是获得成功的那块料。久而久之，蒂姆就把父亲的断言藏在了心底。当他当上 CEO 之后，那种自贬的感觉就走出了潜伏状态。当身处那些受关注度不那么高的管理岗位时，他还可以控制这种焦虑，而到了最高领导岗位之后，危机浮现了。他的潜意识告诉他，表现好过他的父亲，这是不可接受的。因此，当做到比父亲更成功以后，他再也无法压制住那个隐藏着的不成功、不配取得成功的自我形象，在无意识间，他开始破坏自己的职业生涯。

恐惧失败，这从直觉上就可以理解。在痴迷成功的社会中，失败被视为灾难，在某种程度上，我们都恐惧它。然而，具有讽刺意味的是，我们还被恐惧成功这股神秘得多的力量驱使着。多年前，西格蒙德·弗洛伊德在其文章《那些被成功毁掉的人》中，试图揭秘这种恐惧背后的推动力。他指出，有些人完成了深植心中、长久渴慕的心愿之后，就得病了。

恐惧成功包括对自己的优秀的恐惧、逃避命运，或者以某种方式避免充分施展自己的才华。当我们突然能够实现我们的夙愿的时候，我们会以一种微妙、无意识的方式让自己退避三舍。我们可能（无意识中）害怕随成功而来的名誉、财富和责任。成功往往提高了别人对我们的期望值；在挑剔的目光的注视下，我们压力倍增，需要永远表现出高水准。

问题的核心在于，成功让我们在众人中茕茕孑立。我遇到过很多胸怀抱负的高管，在登顶之前表现极为出色。但是，一旦他们走到聚光灯下，走入了全新的领域，就无法再藏在某人身后了。在管理之梯上攀登，他们很自然地会担忧成功将带给他们的日益增多的责任和关注度。职位越高，承载的期望值也越高，监督和批评会更多，对被曝光的担心也会加重。他们会面对需要不断自我超越的挑战。成功还会带来众多非常切实的问题，比如孤独、树敌、工作时长增加以及与家人的分离。

潜意识家庭动力也可能是恐惧成功的一个根源。例如，一些人认为成功象征着战胜了他们的父母或之前的榜样。那些从未很好地解决与父母或兄弟姐妹间存在着的竞争心理的人，尤其如此。对他们来说，成功既令人渴慕，同时也令人恐惧：令人渴慕，是因为他们希望超越自己的榜样；而恐惧，则是因为在他们的内心中，认为自己不配。比如，成为一名成功的 CEO 可能一直是蒂姆终极的恋母情结式的胜利，期求远远胜过自己的父亲。

有否可能让蒂姆从心理上学会接受表现远胜过父亲是对的呢？有否可能让他认识到，成为 CEO 不是路途的终点，前方还会遇到很多新挑战呢？

再回到汉尼拔的故事。他是从心理上不能接受自己比父亲做得更好吗？是否他因此而未能摧毁罗马呢？我们可以进一步推测，设想如果他当时攻陷了罗马，汉尼拔是否会觉得再无挑战了呢？

我们永远无从知晓是什么促使汉尼拔未采取行动，但是，下一次当我们发现什么人出人意料地反胜为败的时候，我们或许可以记起汉尼拔和蒂姆，可以想一想在那个人的内心世界中正发生着什么。对成功不合情理的恐惧是可以转变的，但第一步是要认识到这种自毁的行为的存在。直面恐惧，或许可以帮助蒂姆。他应花时间努力弄清根源。立足诚实的态度和自我体察，他会认识到，他的自毁行为正在对他实现目标和梦想造成破坏。如果当初有一位治疗师或教练能够让汉尼拔审视自己的成就和才能，将他从不合理的恐惧或对过去的记忆中解放出来，他会挥师向前、攻入罗马吗？遗憾的是，我们永远也得不到答案了。

思考题

● 你会拖延那些会让你成功的行动吗？

● 在你成功实现目标的情况下，你是何感觉？你觉得焦虑吗？

● 你会时常思忖你是否配得上成功吗？有时你会觉得自己像个骗子吗？你认为你的工作从来都不够出色吗？

● 你觉得自己能够把控成功吗？你担心成功会将你变成另外一个人吗？

● 你担心自己可能会变得脆弱吗？希望获得成功的想

法，看似会带你走向危险的全新领域吗？

●如果你成功了，你会觉得自己是暴露在众目睽睽之下吗？你觉得处于众目睽睽的位置会引起别人的嫉妒吗？

●你是否担忧取得成功意味着人们希望你继续成功？你对能否处理这种压力担心吗？

●对于成功是否会改变你的私生活，包括中断你与熟人的关系，你心存疑虑吗？

— 24 —

为何我们所做的
不是我们所说的？

了解自我

　　公元前 600 年，希腊先哲米利都学派的泰勒斯发现，世上最难的是"认识你自己"。他的这一认识，在今天，历久如新，甚至历久弥新，就像西格蒙德·弗洛伊德关于无意识心理过程的理论那样，正在焕发新的生机。弗洛伊德采用冰山的比喻来描述人类的心灵。冰山在水面以上的部分代表意识，但更大的看不见的部分在水面以下，代表潜意识。

　　当代的神经科学已经印证了弗洛伊德的很多假设。神经科学表明，我们之所以不能认识自己，是因为潜意识机制的运转。潜意识机制在很大程度上决定了我们的感知和行动。为使我们运转起来，很大一部分所需要做的都是在潜意识状态下完成的。

在管理领域，我们不知道为何我们所做的不是我们所说的，这种情况以高管所说与高管实际所为相对立的方式呈现出来。当我听完高管们和我说的，再去看他们所做的，就发现在他们的意愿和行为之间存在着巨大差距。为什么存在这样大的差距，为何那么多的高管完全意识不到这一点，这很令人苦恼。

造成如此大差距的一个因素，是我们都存在不同程度的自恋。如果我们真正诚实地对自己展露心迹，那么我们其实都会认为自己是与众不同的。这是从进化史中遗留下来的。出于生存的原因，被视为与众不同一定是一项优势。但是我们到底是怎么样的，其真实情况往往差距巨大。我们可能远远没有那么与众不同。但是，我们会极力阻止这样的不和谐的认知冒头；我们会使出浑身解数，保护我们免受自恋的伤害。强化我们的自尊心是我们终生的事业。

身居领导岗位的人需要通过别人的认可来维持自尊心。从进化和成长的角度看，这些自恋的努力可能曾是我们这个物种生存下来的一个根本因素。显然，自恋行为可以为生殖带来巨大的益处。

但是，在这些光鲜外表的背后，我们有着很大的忧虑。对于多数人来说，承认自己的脆弱、不足或过失并非轻而易举。这种基本的不安全感解释了为什么我们存在着精巧的防御系统。我们应用这一系统阻止任何脆弱的表现，维持我们与众不同的感觉。进行这样的防御很重要，因为它能帮助我们避免产生压抑感，保持自尊、自信和乐观，让我们充满动力。这样的防御解释了，为什么我们内心世界的主题（多数是在无意识中形成的）的意图是规避脆弱，寻求认可。

我们之所以常常意识不到我们说要做到的和实际做到的之间的矛盾，主要原因是我们试图让自己不要害怕窘迫和威胁，不要产生脆弱或不称职的感觉。多数时候，我们矛盾的行为可以看成我们潜意识中对立力量相互作用的结果。这些力量的拉锯战是我们良好意愿和实际行动之间产生差距的根源。

为了阐明这个令人不解的问题，我们可以试问，为什么有那么多的高管有控制别人的需要。是什么阻止他们不对别人放手呢？这样的行为会带来很大的压力。它会导致微观管理和授权困难。即使让具有这种领导风格的高管意识到这样的问题，他们依然会抗拒改变。年复一年，高管们收到的反馈是，他们成了微观管理者，需要找到更好的方法与下属相处。年复一年，这些人承诺改变，但一切如昨。他们顽固不化。与此同时，高管们光耍嘴皮子功夫，述说自己的作为。他们坚持说自己"确实"在放权；他们说允许出现小的失败；他们说让下属提高效率。可实际上他们没有做到。那么，真实的情况是怎么样的？

回答是，这些人不知道如何在头脑中编制规划。他们总是满嘴大道理，但做着没有道理的事情。他们似乎不得不回归潜意识行为，来保护他们的自尊。

人类多数的行为模式都是建立在错误的假定之上的，我们假定做决策的时候我们会有意识地权衡所有相关的利弊。然而多数时候我们没有这样做。相反，我们的行为是基于一系列基本的、无意识的规则，而采用这些规则，有时会产生完全令人沮丧的结果。

作为一名高管教练和精神分析学家，经验告诉我，在帮助我们认识我们的想象和我们的实际行为之间的差距方面，采用360°反馈的是一个好的开端。360°反馈干预法可以帮助我们看到别人长久以来一直在观察的东西。它能够帮助我们发现我们需要改进的领域，发现众多的导致我们行为不一致的因素。

承认在我们的意愿和行为之间存在着差距，可以帮助我们深思是什么阻碍了我们践行我们的言语。我们可以对继续或停止某些行为进行成本效益分析，设计出早期预警系统来破坏我们的潜意识力量，因为潜意识力量会让我们回归我们更喜欢的老路上去。但是，无论我们做出什么样的努力来另辟蹊径，都要进行大量的实践。要让新的做事方法了然于胸，需要投入时间。故态复萌是很容易的。

在我们努力改变的过程中，高管教练或精神分析学家可以提供支持；他们可以提供应对策略，避免我们故态复萌。但是，在缩小实际和意愿行为之间差距的过程中，我们需要牢记，如果我们希望实现更好的转变，我们就必须自己亲自动手解决。认为思想才是重要的，这根本是不正确的。判断一个人，不是听其言，而是观其行。

思考题

● 你对自己的认知歪曲——你的偏见有多少认识？有

的时候，你夸大自己的重要性吗？根据你自己的经验，历史的真相和人们讲述的真相常常相去甚远吗？

● 你的行为并不总是合理的，对此你了解到什么程度？

● 你评价一个人是根据其所言还是所行？二者哪一个对你更起作用？

● 当你被问及的问题有一个社会上普遍接受的"正确答案"的时候，你有时会回避采用这个答案吗？

● 是否发生过这样的情况，别人对你的看法和你对自己的看法存在着让你吃惊的差距？

● 你认为自己是言出必行、说到做到的人吗？

— 25 —

保持真实
寻求本真

参观波士顿美术博物馆的人，都会对保罗·高更的画作《我们从哪里来？我们是谁？我们向哪里去?》赞不绝口。这幅巨大的油画描绘了不同的人物，但都是塔希提人。每位人物的行为都不同，各有其意义，提出了有关人类状况的代表性问题。按照高更的设计，油画的内容是从右向左展开的，与我们直觉的习惯正好相反。油画描绘了我们生命之旅的三个阶段——出生和童年、成年、老年和临终。

高更一生经历了许多变迁。他出生在巴黎，在孩提时代举家迁居秘鲁，后又迁回。高更当上了股票经纪人，过着舒适的中产阶级的日子。他发现了自己绘画的才能。但在几年中，尽管他与毕加索、塞尚和凡·高等艺术大家都有交往，但他依然是一名业余画家。他对物质财富和商业领域日益产生幻灭感，于是他转而寻找一种蛮荒的世界。在四十岁出头的时候，他抛妻弃子，搬到塔希提，在那里开始了作为画家的第二段职业生涯。

高更求索的是本真。他的成年生活是一个不断疏离常规和矫揉造作、走向原始主义的过程。他相信原始主义会带给他快乐。与我在担当教师和高管教练过程中所遇见的那些众多的高管相比，他是背道而驰的。这些年轻的男人和女人中的多数，追求的是"更多"——更多的物质、更多的金钱、更多的认可，为的是超越自己的期求、让自己更加快乐。很多高管似乎已经忘记了，生活并不全是为了权力、地位和金钱。其中存在的挑战是，弄清楚他们如何支配时间比弄清楚他们如何支配金钱更为重要。拥有目标固然很好，但是很多高管未认识到，过程至关重要，而结局无关紧要。我们多数人发现，实现一个目标之时正是奔向另一个目标的旅程的起始。日复一日的经历很重要。生活的目的是好好生活，而不是为以后的生活做规划。我们要抓住每一天。

有一个禅宗寓言故事。讲的是一个人遇到了一只老虎，他撒腿逃命，老虎在后面紧追，直追到悬崖边。他掉下悬崖的时候，抓住了一根野藤才没掉下去。老虎站在悬崖边上喘着粗气，向他咆哮。他很害怕，望向崖底：那里又出现了一只老虎，舌头在嘴边舔来舔去。这时一个不大的响声引起了他的注意。在他上面不远一块突出的崖壁上，有两只老鼠正忙不迭地啃咬着他抓着的这根野藤，而他的身体在半空中摇摇荡荡着。在手臂可及的地方，生长着一棵草莓，上面那颗草莓果十分诱人。他一手抓着野藤，一手摘下了草莓放进嘴里。味道真是甘美！

生活只存在于当下。过去的就过去了，未来不是当下。如果我们不能有意识地生活在此时此刻，我们就没有真正地触及生活。我们无法过回去、重新开始，但是，谁都可以从今天出发，走向新的终点。

然而，回归本真未必容易。高更对本真的求索，让他付出了职业生涯、婚姻、家庭、友谊和任何被社会承认的机会。回归本真，意味着要愿意接受我们是谁和我们是什么，不要试图将自己看成别的什么或是别人。它意味着要摘下面具；意味着不仅要信赖我们的优点，还要直面我们的缺点，要对我们的不完美保持耐心。它意味着，要勇于讲真话、敢于说不、敢于面对真相、做对的事情（因为这样做是对的)。它还意味着，放手那些在我们的生活中错误的、并不真正重要的事情。它与真诚有关，与装腔作势、戴着假面无关。

很多高管走的是一条更容易的道路：自欺和想入非非，但最终发现，长此以往这样是不可持续的。如果我们对自己都不能说出真相，那么我们如何才能以真正真实的态度对待别人呢？如果不能回归本真，其结果是不论我们说什么或做什么，最终都会还给我们、摆脱不掉。

当本真在我们心中生根，它将影响我们所有的互动；它如同一颗钻石，每一面都熠熠生辉。真实的人能激起他人的自信，鼓舞他们的士气。真心地关注他人可以形成"克制地带"——帮助他人应对冲突和焦虑的安全地点。

本真意味着可靠和值得信赖，意味着憎恶我们和他人的伪善。当我们信任自己的时候，我们就能信任他人并建立有意义的关系。这种信任给予我们在各种情况下坚持我们的主张的勇气，帮助我们忠于自己的价值观和信仰，而不向任何压力低头。

本真意味着我们做我们真正相信的事情，从事那些符合我们的需要、价值观和梦想的活动——简而言之，就是从事有意义、让我们觉得有用的活动。太多的高管像梦游者那样生活着，没有任何真正的有用感，因为他们追求的是没有意义的事情。

本真带来智慧。二者是人类紧密相关的两种动力，它们互相促进、共同发展，共同聚焦于我们的生存旅程。智慧是给予那些遇到并克服生活中困难的人的奖赏：它意味着对人类境况的理解。

那么，我们怎样才能回归本真呢？我们怎样才能获得智慧呢？在我们历史上更加笃信宗教的时期，人们花大量的时间进行崇拜活动。祷告给了我们对生活进行反思和总结的机会。如今，尽管和过去一样，我们需要为自己获得内心安静的时刻，但是这类有组织的活动已远远不那么经常化了。但是，我们每个人都需要时间自新和自省。我们需要时间独处，审视我们的所作所为，思考一下什么是对的和对我们有益的。我们需要时间体察我们的优点和弱点。我们需要时间让我们的想象力展翅飞翔。我们需要时间去做梦。

然而，我们并不是总有可能做到独处反思。我们反而需要专业人员的介入。我们需要向某人咨询，对方则会帮助我们弄清楚我们的梦想和幻想；当我们陷入恶性循环之中时，对方会帮助我们解困；对方会帮助我们看到过去与现在的联系；对方会指导我们走向更加美好的未来。这样的对话往往不那么舒服，因为它需要我们向另一人敞开心扉，而我们之前很少这样做。它需要很大的信任。但是，为我们的发现之旅找到一名伴侣，从个人成长的角度来说会很有益处，会让我们看到新的选择、避免犯下累及未来生活的错误。

很多人没有勇气开启这样一场个人之旅。他们逃离自我发现之旅——而且越逃越远。苏格拉底曾说，未经审视的人生是不值得度过的。我们何妨模仿一句：没有生活的人生是不值得审视的。如果我们对智慧的追求是认真的，希望过上本真的生活，那么就要珍视每一时刻，进行一场值得的生活之旅。

再讲一个禅宗故事。讲的是别人告诉一名妇女，遥远的地方有一座魔法山谷，那里到处生长着最美丽的花朵。她决定亲自去看看这个神奇的地方。她满腔热忱地出发了，然而漫长的旅程很快就让她心凉了半截。一天又一天，一月又一月，一年又一年。她精疲力竭。终于，她到了一片森林的边缘，发现一位老人倚着一棵树站在那里。于是她问："老人家，我一直走啊走，记不清走了有多远。我在寻找一座魔法山谷，那里到处生长着最美丽的花朵。你能告诉我，我还要走多远吗？"老人答道："但山谷就在你身后呀。你没有注意到吗？你走过啦。"

这则寓言告诉我们，重要的是关注你脚下的路、路上的风景和你的旅伴，而不是那个终点。太多的高管把他们的生命用在向上攀爬上，但结果发现他们攀爬用的梯子放错了墙。我们要学会从小事中获得乐趣：最后会发现，这些小事往往就是大事。

思考题

● 你知道吗？如果你刻意回归本真，那么你可能无法回归本真。

● 你认为你有自知之明吗？你非常了解你是谁——你的价值观、愿望、内在动机和你的驱动力吗？

● 你的行为与你的性格相悖——进行角色扮演——根据不同的情况戴上不同的人格面具吗？你意识到你这样的

表现了吗？如果你不忠实于自己，你会觉得不舒服吗？

●为了维护你的立场，你会观点明确、表现勇敢、进行激辩吗？或者你不想找麻烦，只是随波逐流？

●面对困难的局面，你是否跟从你的感觉、注意你的直觉？当你觉得你所做的和真实的你之间存在偏差的时候，你的直觉会提醒你吗？

— 26 —

你不是认真的吧

谈谈举止庄重

罗森公司有关 CEO 继任的两强争霸赛接近尾声。决定德里克和约翰两位候选人谁将继任 CEO 的时刻到来了。然而，对于最近一次董事会上发生了什么，他们一无所知。会上，对于两位候选人的资格进行了热烈的讨论。讨论至白热化时，选拔委员会的一位成员明确表示，她觉得德里克更有资格担当 CEO。当被要求进一步阐述时，她说她认为约翰不具备这个职位所要求的"庄重举止"。鉴于公司面临的挑战，她把举止庄重置于 CEO "必备"条件之首。在其后的讨论中，董事会其他成员多数表示同意，虽然谁也没有要求她详述她所说的"庄重举止"指的是什么。

那么，举止庄重是什么呢？放在领导力的背景下，它是什么样的呢？如果它在领导力中是如此重要的一个因素，我们该如何培养庄重的举止呢?

一些智者将举止庄重的特征比作情色:一看就懂。对很多人来说,它是一个由沉着、自信和真实组成的混合体。这个词来源于拉丁文的"重量"和"沉重"这两个词。意思是说,展现庄重举止的人脚踏实地、具有出色的判断力、能够处理重要的事宜。在 14 项美德中,古罗马人把举止庄重排在第一位。没有庄重的举止,就不可能在社会上获得良好的声誉。

无疑,举止庄重意味者严肃的态度、郑重和有尊严的举止,以及重要和引人注目的形象。它令人渴慕,因为它展现出的这些品性被认为是与领导效力相关联的。在公司生活中,举止庄重也被视为产生影响力的关键。

正如前述 CEO 继任例子中所反映的那样,在公司晋升的过程中,举止庄重颇受重视。猎头、人才经理和人力资源专业人士总是自问,人们是否具有岗位所要求的庄重举止。他们拥有风度、口才以及读懂别人和局势的能力吗?他们拥有能够轻易影响别人的情感智力吗? 一般说来,我们都这样推断:举止庄重的人领导力更强、管理水平更高、仪态更优、建立工作关系的能力更大。而举止庄重往往会

成为职业成败的决定性因素。在前述案例中，缺乏庄重举
止成为约翰落选的主因，尽管他技术上是够格的。董事们
寻找的是一个他们认为在面对困难和史无前例的局面时，
能够把握住自己的人，能够有效应对各种利益攸关方、能
够做出艰难决策的人。能够吸引董事们的人，要一言九鼎、
讲话有权威性、给人信任感，他的意见、见解和建议让人
倚重。

现在，你可能思忖，你是否拥有庄重举止呢？你有风
度吗？你被视为有权威的人吗？你讲话时，人们会停下来
倾听吗？你知道如何吸引和影响他人吗？如果对这些问题
最诚实的回答都是"不"，那么你可以为此做些什么努力
吗？举止庄重是天生的人格特质还是可以培养的？

要想找到问题的答案，就要区分举止庄重所包含的内
在品质和外在品质。我不建议把这些看成绝对的界限。内
在品质和外在品质之间是相互作用的，形成动态平衡。

从内在品质出发，为了形成真正的庄重举止，我们需
要具有一点儿自我意识。没有自我意识，甚至不够沉着的
话，我们将永远无法掌控我们的情感或者发现我们内在的
力量。除了自我意识，我们还要具备知识。毕竟，知识就

是力量。对于我们谈论的话题，我们要体现出我们的造诣。不断获取知识并正确应用它，我们就会为我们的庄重举止锦上添花。

举止庄重包含的外在品质，指的是外部世界如何看待我们的行为、谈吐和形象。在面对艰难局面时，我们的情感智力能让我们在多大程度上保持冷静、沉着和镇定，将决定我们如何采取行动；在遭受攻击时，我们需要展现出勇气和气度。它也和我们解读和分析局面并有效应对的能力相关。当情况失控时，举止庄重的人知道怎么做。他们拥有应对不可预知局面的自信和镇定；当被逼入死角时，他们知道如何坚持下去。

我们的视野、有效沟通的能力以及激励他人的能力，决定了我们的言谈。你的谈吐充满激情和活力吗？你使用具有权威性的声调讲话吗？你是否展现出诚实、信任和尊重呢？你信守承诺吗？

最后一个因素——我们的形象，它是由我们的外表所决定的。你给人留下的第一印象是怎么样的？别人如何解读你的肢体语言？名声也构成我们形象的一部分。拥有一流的、道德无污点的好名声是至关重要的。

　　通过辅导和技能干预，这些品质中的一部分是可以很容易培养出来的。其他的品质则需要通过几十年的学习才能获得，其所需要的智慧只能从经验中获得。

　　然而，在表面行为层面上，可以采取一系列速效办法。例如，你可以寻找机会来磨炼你的表达能力。你可以学习如何快速表达。你可以练习无论处境如何，都能保持冷静。你可以学习如何使用一种独特的腔调表达。为了帮助自己，你可以寻求从可信赖的同事、导师、朋友和家人那里获得他们的个人意见。

　　随着经验的积累，假以时日，触及性格的内在生命之旅就将启程。在这段旅程上，通过生活经历以及面对挑战和艰难时做出的反应，就能培养出庄重举止。内在生命之旅深入自我去弄清楚我们的优缺点，这肯定不是个一蹴而就的过程。它是一项艰苦的工作，需要我们不断自我反省和不断自我改进。

　　培养庄重举止的最优方法是从两方面入手来解决问题。追求庄重举止的人应在外在形象和内在充实之间求得平衡。他们应知晓外在和实质之间的差异以及如何管理这二者之间的动态关系。

思考题

● 你认为在每种情况下都有"演员选派部"吗？你的行为相应改变吗？你十分了解别人是如何解读你的行为、言谈和举止的吗？

● 你讲话的时候，人们不听吗？他们不理睬你讲的吗？你知道为什么吗？

● 你曾收到过对你肢体语言的反馈吗？你注意体现你形象的肢体语言吗？

● 你了解你的立场吗？面对不同的局面，你知道你会做出什么反应和回应吗？

● 你觉得你临危不乱、能够坚持己见和具有恰如其分地回答棘手问题的情感智力吗？不论受到赞美还是中伤，在任何一种情况下你都能保持镇静吗？

● 你具有进行表达所需要的信心、一致性、稳健和执着吗？人们注意你吗？你受到别人的尊重和引起别人的注意吗？你的想法和见解受到欢迎和接受吗？

— 27 —

只管写下来
写作疗法

　　一次，在我的领导力发展工作坊上，一名叫西蒙的石油公司高管，觉得很有必要讲一讲他从未妥善处理好的一个事件。他向其他参加工作坊的人讲述了他在尼日利亚的痛苦经历：他前往由他负责的一个石油钻探平台时被扣为人质。他泪流满面地讲述了在被扣为人质的过程中，另外两名人质——他的亲密同事——在他眼前被杀害了。经过与绑架者就赎金金额进行漫长的多次谈判之后，他最终被释放了。尽管西蒙很幸运地躲过劫难，但所发生的一切一直徘徊在他的记忆中。从那时起，那可怕的经历就在噩梦中浮现，他深受折磨。但他一边讲着，一边说自从完成了工作坊的一项作业之后，他开始感觉好多了。这项作业就是根据这个可怕的经历写一篇反思文章。

大家知道，有意识地抑制因创伤性事件所引起的思想和情感需要付出很大的努力。抑制行为会强化强迫性的思维和过度的默想，导致身体紧张不断加剧以及长期的生理和心理问题。而且，压抑痛苦的记忆只能取得有限的短期收效。被驱赶走的东西往往会以其他的方式再现。更有收效的方式应是面对并谈论痛苦的经历。

约瑟夫·布洛伊尔和西格蒙德·弗洛伊德在他们的著作《癔症研究》中，最早探讨了直面创伤性经历的价值。在书中，他们著名的病人安娜·O将这个过程称为"烟囱清扫法"或叫谈话治疗。布洛伊尔后来将这一方法称为"宣泄法"。从历史的观点出发，我们甚至可以把针对创伤进行的忏悔或语言详述以及意义建构等行为，视为在世界很多地方使用的传统疗伤方法。但是，这不意味着人们谈论痛苦经历，情况就一定会因此而改善。改善、康复或观点的改变都依赖于人们对曾经的经历的解读。

和谈话一样，把令人沮丧的事件写下来似乎有助于对事件本身产生新的理解。然而，写作行为所应用的大脑的部位是不同的。写作（类似绘画）主要是大脑后部产生形象的视觉皮质在发挥作用。言语更多是与右脑有关，而写作则对左脑产生更大的作用，会刺激大脑中不受语言影响的区域。

写作也可以将我们混沌的解读以另一种不同的方式呈现出来。通过写作，那些不同的思想、情感和理念的碎片逐渐被聚合起来，编织成一个明了易懂的整体。通过写作，可以面对和理清那些痛苦的片段。在此过程中，可以将经历的事件转化为有意义的故事，实现认知和情感的交融，从而对所发生的经历做到更深入的理解。记述痛苦的事件可以让我们具有更清楚的目的，获得更大的选择自由。与前述压抑做法的倒退性过程不同，写作的过程让我们可以掌管自己的叙述并且处于前进之中。

反思性的写作作业帮助西蒙面对了他的经历。这项作业是我已开展多年的 CEO 领导力发展工作坊的支柱。我观察到，尽管谈论不同的问题具有很大的宣泄效应，但是把它们写下来产生的收效甚至更大。当我们把不同的体验转化成文字之后，我们就真正和这些文字"达成协议"了。写作迫使工作坊的参加者一字字、一句句地记述带给其创伤的既往经历。这样，那些困难的经历就被分解成了小的、可管控的片段。

并不是只有我一人确信写作具有减压和启示性效应。很多健康心理学家也已经关注这个课题，关注的内容主要是，如何以多种方式应用写作来治愈情感伤害、加深对自我和他人的了解、培养和提高自省的能力、缓解生理症状以及改变行为和思维模式。得克萨斯大学研究心理学家詹姆斯·彭尼贝克的研究工作一直颇具启发性。彭尼贝克通过一系列对照实验确认了写作对情绪剧变的有效性。他所称的表达性写作——把创伤性或具压力性的生活经历所产生的思想和情感写下来——已经帮助很多人解决了这类痛苦事件所造成的情绪问题。表达性写作还对下述疾病具有长期效果：哮喘、慢性疲劳综合征、创伤后应激障碍和关节炎。彭尼贝克还发现，那些连续三到四天（最好在每天结束时）每天花大约20分钟写作（或听写）的人，比那些不这样做的人（多达一半）更少去看医生。彭尼贝克的实验还表明，不解决痛苦的经历会造成更大的身心压力，成为面临更大风险的人群。

　　但是，彭尼贝克指出，人们不仅需要从创伤性记忆中发现意义，而且还需要体察写作所带来的相关感受，从而能够收获积极的作用。他还告诫说，记述创伤的初期会引起暂时的悲伤以及身心唤醒，他强调，写作体验的时间掌握很重要。一些研究表明，人们在创伤性事件发生后立即写作，那么在表达性写作之后，实际上可能会感觉更糟，这可能是因为他们还没准备好面对它。彭尼贝克建议他的客户在创伤性事件发生至少一到二个月后再尝试使用这种写作的技巧。

根据我的经验，将我们生活中的各种片段写下来，有助于我们脱离胡思乱想，创造出新的故事，催生新的行为。尽管写作是独自一人的活动，但它也能建立关系，我们是写给潜在的读者。写作是间接地寻求社会支持我们的疗伤过程。因此，我们会增强与社会的联系，这部分是由于，除了我们自己以外，我们还会有更多的能力去关注某个别人（读者）。

没人真正确切知道写作疗法是如何影响大脑的，但其答案可能存在于情绪压力和疾病之间的紧密联系的某个地方。但是，根据我基于与高管们的经历做出的推断，单靠情绪宣泄不足以缓解压力及改善身心健康。为了发掘写作的治愈能力，我们需要唤起、加深理解和了解我们的情绪。对于西蒙来说，写作帮助他将原先无法描述的情绪和焦虑转化成文字。采取这样的做法，就找到了一个途径，可以帮助他解决在家庭和工作中长期存在的关系问题。当人们与笔杆和电脑按键同行，抵达他们要去的地方的时候，令人惊喜的见解就会呈现。正如作家阿娜伊斯·宁所言："写作让我们两次品味生活，在此刻，在过去。"

思考题

- 你写日记吗？如果不写，是什么阻碍了你？

- 如果你写日记，你习惯于记述那些带给你压力的情形吗？

- 你记述带给你压力的情形，这样的做法有助于你把这些情形讲给别人听吗？

- 记述带给你压力的情形，你认为它帮助你摆脱了沉思默想带来的精神压力了吗？写作帮助你更好地理解和了解你的情绪，包括从记忆的创伤中发现意义了吗？写作帮助你弄清楚你为什么现在感觉有压力了吗？

- 如果你处于辅导或治疗关系中，那么在治疗过程中采用了写作的方法了吗？

— 28 —
生态疗法
出去走走

贾斯珀已经好久都感受不到以前的自我了。自从升职、搬到城中的总部以后，他的心理状态就变了。他变得焦虑和不安。他想念自己在郊外的老房子，想念每日在林中遛狗的生活，想念置身大自然怀抱的感觉。如今，他顶多是在最近的公园里（距他一站地铁的距离）短距离地散散步。但这样的散步没有多大用。唯一的作用是加深了他对那片树林的怀旧之情。贾斯珀知道，他目前的心态正在影响他的积极性和工作质量。他发现很难集中注意力，他会出错，并且总是情绪恶劣。他严肃地自问他是否还能坚持工作。

《自然原理》一书的作者理查德·洛夫认为，生活在今天的人们往往患有他所称的"自然缺失症"。洛夫指的是我们与我们的大自然栖息地分离所导致的消极行为结果。洛夫并不是唯一表达了此种关切的人。人们对与自然保持联系对恢复健康所带来的好处，已进行了大量研究。研究表明，当我们花些时间流连室外的时候，我们的情绪就会大幅改善。置身大自然，会降低血液中的压力荷尔蒙、呼吸频率以及大脑的活动，会影响我们的心理情绪状态，有助于将压抑、紧张或焦虑的心态转变为更平静和更平衡的心态。

如果从进化的观点出发，就会发现这些研究结果很有道理。置身大自然，会对我们的身心康乐带来强烈的原始影响。对于多数人来说，身处大自然——以及一处更加广阔的人类集体的发祥地——是对现代生活压力的大逃亡。

贾斯珀正在经历一种反状态，指的是，当我们觉得与自然界疏离的时候，我们有可能会经历一系列个人的、人际的和社会的问题。其中包括一系列心理障碍，比如漂浮性焦虑、抑郁及其他心理症状。因此，意料之中的是，（众多研究结果表明）那些几乎没有机会接触绿地的城市居住者，比起那些临近公园或经常置身自然环境的城市人，更有可能患上心理问题。即使在工作环境中简单地增加一些花卉和绿植，也可以对我们的创造力、生产效率和解决问题的能力产生积极的影响。其他研究还表明，与动物相处，孩子及患阿尔茨海默病的人可以减少攻击性和焦虑不安。比起住在混凝土丛林里的孩子，那些居住地靠近绿地的孩子似乎具有更佳的注意力、能够更长时间存留满意感、能更有效地控制冲动行为。经常接触自然界——不论是通过园艺活动、与动物互动、郊野漫步，还是通过室内绿化——都有益于我们的自尊心、社会联系、健康和整体的幸福感。

然而，我们多数人生活在城市化的、被开发了的世界中，失去了与大自然的联系。网络时代更增加了我们与大自然的疏离感。生态心理学家认为，人类与自然的割裂是我们当今生态危机的核心所在。我们没有尊重和加强我们与地球的基本联系，相反，我们在摧毁我们这个星球所遗留下来的一切。我们所造成的土地、水和空气的恶化，不仅影响今天人类的健康，还将影响未来子孙后代的健康。

我们要回归这样的认识：人类和生态的福祉是紧密交织在一起的。我们要逆转我们这个星球生态的持续恶化。我们要采取行动消除生态压力——由于与我们自己、他人和自然界的疏离而导致的内心空虚——所造成的后果。我们要重新学习如何关爱我们的环境，为此，我们要学会关爱和照顾我们自己。此时，生态疗法就有用武之地了。

生态疗法，亦称自然疗法，可以视为生态心理学和心理疗法两种理念的结合。它是一种致力于心理健康的工作，将我们与地球的联系置于我们心理活动的核心，为的是恢复我们与我们赖以生存的自然界之间的和谐关系。生态疗法是一种对心理疗法和精神病学进行改造的方法，其核心是人类—自然关系。通过这样的方法，生态疗法可以帮助我们应对日常生活中出现的压力和紧绷状态。

作为心理干预的一种形式，生态疗法部分地受到精神分析客体关系理论、社会系统论和宗教心理学的影响。客体关系理论试图解释我们与他人发生联系的方式。它指出，我们与他人和"客体"（包括我们把在自然界中获得的体验融入内心的方法）的关系的质量深受我们与我们最早期的重要看护者（通常是我们的父母）之间的关系的影响。很大程度上，它依赖于这些内在化的体验主要是积极的、有益的，还是具威胁性的、有害的。社会系统论帮助我们弄清楚，我们如何做到不仅在人类系统中发挥作用，而且还能在更大的多物种的系统中发挥作用。宗教心理学让我们明白人类如何在自然现象的背景下存在。生态疗法感兴趣的是源自众多古代和当代本土文化的各种实例。生态疗法可以视为回归我们本源、对我们祖先数千年来的行为方式进行再发现的方法。

在我与客户的相处中，我了解到，花时间融入自然，给我们提供了自我反思以及补充能量、发掘内在转化潜能的空间。融入自然，我们会更多地意识到我们自身与周围环境的关系。我们能够回归到与周遭世界互相联系的状态。这种（再）联系十分强大，它可以让我们的心灵重生、改善我们的心态、缓解我们的焦虑和紧张程度、帮助我们战胜抑郁。生态治疗干预法可以单独使用，也可与其他疗法共同使用，比如与心理疗法或药物治疗配合使用。

但是经验也告诉我，重建与自然的联系可能会是一场艰苦的努力。很多人与自然已经彻底分离了。为了帮助他们实现转变，我在采用这个疗法的一开始，常常要求我的客户们写自然日志，记录下他们有多少时间在户外并描述他们在户外时的生理和心理状态。我建议我的客户们进行远足、从事园艺活动，或者进行其他户外活动。我会举行户外咨询活动，让他们既体验了自然之妙，又得到了治疗——采用边走边谈治疗法。我还鼓励他们进行野生环境之旅。置身广袤、无边的地域（山峦、海洋、平原、森林）之中，会让我们感到自己的"渺小"，令我们对于我们生活的这个世界产生敬畏心和好奇感。于是，它成为医治过度自恋行为的一剂良药。随着认识的提高以及体会到我们自己和周遭世界更紧密的联系，我们就会实现心灵和超验的深度觉醒。

因此，下一次当你情绪低落时，请穿上远足靴吧。鉴于贾斯珀的心理状态，我毫不迟疑地建议他重新评估自己的抱负，考虑一下他是否该回归到一个地方，在那里他就会像法国人说的那样，"安心做自己"。

思考题

● 你花时间在室外进行游泳、野营、徒步行走或仅是享受一下大自然吗？室外活动增加了你的康乐感、缓解了你的压力、提高了你的注意力和让你更加放松了吗？

● 如果你生活在城市，你尽量去公园里散步、在办公室放置植物或者养宠物了吗？你设法在你的周围开辟绿地了吗？

　●你在户外工作（或积极从事户外活动）吗（例如园艺工作、农事、钓鱼、观看野生动物、野营或打猎）？

　●你认为大自然会降低你的自我中心意识吗？

　●投身大自然，你获得心灵体验了吗？置身大自然的怀抱，你感觉到与其他生命的联系、认清了与它们是相互依赖的吗？

— 29 —

啥都不干
什么都不做的艺术

伊莲娜经营着一家大型教育机构。我好奇于她的工作习惯，问她每天收到多少封邮件。"五百封，"她答道，然后她又非常轻松地说，"说实话，我一封都没读。要是读了这些邮件，我就真的没法做我的工作了。我的工作是思考我国教育的未来。如今，对我所做的工作来说，问题不在于获得信息。更加重要的问题是把信息推开，免得信息在我这里成灾。我需要时间思考。"

伊莲娜的话让我欣赏的是她认识到，她需要大把的时间进行思考、创造和解决诸如愿景和她的公司的方向这类更加重要的问题。这需要她有意识地努力抵御躁狂举动所带来的冲动和干扰，把时间投入到具有创造力的平静的活动中。有些自相矛盾且与我们通常思维相反的是，松懈下来——有意识地尽量避免忙碌——或许是对我们的心理健康最为有益的举动。

　　然而，在一个被过劳崇拜驱动的社会里，忙碌和不忙碌的均势已严重失衡。在现代组织中，工作狂受到大力鼓励、支持，甚至奖励。相反，不忙碌则被冠以不负责、浪费时间的恶名，还要承受未能实现绩效指标的社会压力，尤其别人都在争分夺秒的时候，压力更甚。如果我们无所事事，我们就会习惯性地感到愧疚和不安。环顾四周——在火车上、在大街上，甚至在会议中——人们目不转睛地看着移动设备，不停收发信息。然而，一刻不停地忙碌是有害的，会让我们失去我们的关系，不仅是与别人的关系，还包括与我们自己。如果我们不能给自己留下不受打扰的、可自由联想和思考的时间，那么，我们个人的成长、洞见和创造力则不大可能产生。而且从长期来看，我们的总体康乐也会受到影响。

　　不停忙碌是避开那些令人烦忧的思想和情感非常有效的一个防御机制。但是，诉诸"躁狂"行为，我们在有意无意之间压制了我们真实的情感和关切。而那些无意识思维过程可以产生新奇的想法和解决方案，比有意识思维能更为有效地解决问题。

暂停忙碌的一个益处是可以有机会去玩耍。对于玩耍（松散的活动，为了取乐和探索，没有具体目标）的功能和益处的研究，已经进行了数十年。长久以来，进化心理学强调的是玩乐的适应功能。遗憾的是，作为成年人，我们中很多人并不了解我们年幼时玩耍的天然状态。创造的自由被逻辑和规矩所取代，我们丢弃了沙盘、忘却了自发行为的重要性。和无所事事一样，成年世界里的玩耍被视为毫无收益、有负罪感的放纵。

我认为，玩耍不是奢侈品，而是必需品。它依托于丰富的情感和状态，因此对我们个人的发展和康乐是有益的。它促进我们的发现和关系，让我们产生惊讶、愉快的情感和谅解心。玩耍还可以帮助减缓压力。它促使分泌内啡肽合成物，可以振奋精神，帮助我们应对疼痛、恐惧和焦虑。玩耍也可以帮助我们管理悲伤。实际上，玩耍给孩子和成人带来的好处太多了，不胜枚举，因此，玩耍是一件既孩子气又非常严肃的事情。

什么都不做与无聊紧密交织在一起，二者都会受到恶评。经常、持续抱怨无聊通常被视为性格缺陷的症候。但是，我们感到无聊真的有什么错吗？因为，如果仔细审视，无聊也是有其独特价值的。

无聊的时候，我们的感觉无外乎是无事可做或者是在做无甚收获、非活动性的事情。我们拥有一心想做遂心事情的强烈愿望，但无法做到。无聊是家庭生活很多方面和带有局限性的工作中真实存在的一个因素，例如那些高度重复的服务性的、功能性和装配线上的工作，我们要能够忍耐。事实上，如果我们不能建设性地解决无聊，就会给我们带来阻碍。一个人如果被动地应对无聊，总是需要激励和刺激并缺乏内在力量，那么就会给家庭和职场带来浩劫。

在很多情况下，无聊成为一些事情的前奏。它可以激发想象力和创造力，与期望值密切相关。它反映了寻找新的、可能更有趣和更有刺激性的方向的欲望。进行另外的重构以后，无聊可被视为推动我们追求陌生事物的重要动力。无聊可以帮助我们建设更加丰富的内心世界，让我们变得更有创造力。

然而，我们多数人发现难于忍受无聊，尤其是，无聊常常与抑郁相伴。于是，我们忙个不停，把无聊这个令人苦恼的恶魔赶走——忙碌让我们感觉更好，甚至更有道德。但是我们忙忙碌碌到底是为了什么？我们为何这样玩命地奔跑？我们压力重重、精疲力竭、一半时间里甚至无法确定奔跑的方向是否正确。

什么都不做，为思考和问题的解决释放了思想空间。当我们的注意力在别处的时候，新奇的联想或理念常常悄然进入我们的意识之中。思维要素的孕育或无意识重组，需要在什么都不做和无聊过程中进行。最后，在我们最想不到的时候，解决方案往往"出其不意"地来了。很多人已经发现，这些被动的、不经意的时刻是发生"尤里卡"①这样的时刻所必需的。

对于分散注意力和无聊的思考，让我们想到了左右大脑活动的问题。神经科学家已经注意到"左脑型"的人倾向于更具逻辑性、分析能力和客观性，而"右脑型"的人更具直觉力和反思能力。左脑擅长语言及逻辑和有序信息的加工。右脑往往更具图像能力，凭借直觉对信息进行全面、随机的加工。尽管右脑缺乏构成口头语言（其过程受

---

① 尤里卡：古希腊语，译为"有办法啦"。古希腊学者阿基米德一次在浴盆里洗澡，突然来了灵感，发现了他久未解决的计算浮力问题的办法，因而惊喜地叫了一声"尤里卡"，从此发现了阿基米德定律。

控于左脑）的基本要素，但它使用图片、音乐和情感"语言"，这样的"语言"在创造性过程中起到重要作用。但是，左右脑需要互相配合才能完成任务。

　　记住了左右脑这样的分工以后，我们就知道我们单调的日常活动在很大程度上是由左脑控制的。忙碌和左脑活动是亲密的盟友。在我们醒着的时候（及多数情况下），在进行日常活动的过程中，总体上居于主导地位的左脑具有更多的认知活动，将支配右脑的活动。这并不意味着右脑并不与左脑同时活动，但是，右脑更善于在不忙碌的期间（我们什么都不做或无聊的时候），抓住机会表现自己。它真正工作的时候是在我们放松、治疗、催眠、产生幻想或做白日梦（类似于我们夜晚做梦的情形）的状态下。因此，尽管右脑活动总是处于时刻准备着的状态，但当我们一直忙碌的时候，这些活动没有多少机会进行下去。什么都不做或者无所事事，为激发无意识思维活动提供了宝贵的机会。比之有意识思维，无意识思维更善于综合和关联信息，能在巨大的知识库中进行相联检索。在大脑的无意识区域，我们较少受到常规关联的束缚，更有可能产生新奇的想法。

　　重要的是我们要脱离生活的快车道，抽时间到一个地方去，好好地做游戏；在那里，我们可以进行辩证的、交互式过程，培养可能性意识，增强对意义的认识，让我们从中既能够体验到自由，又能够体验到纪律性。在实践中，进行这样的过程的一个方法是参加那种变革型高管工作坊和课程，它们通过心理动力（情感和心理）的方法来促进我们的发展。这些课程日益受到追捧，因为很多人来报名上课，是因为他们感到生活中出现了情况，他们需要时间进行探索。他们在思想上已准备好抽出时间进行反思，以便另辟蹊径处理事情。

我每年举行一次工作坊，名为"领导力的挑战：培养反思型领导者"。作为组织"游戏治疗"的一种形式，工作坊邀请全球 20 名身居很高职位的高管（多数是 CEO 一级的）参加。工作坊的指导性主题涉及那些看似无法解决的困局、他们自己的负面情绪、无聊问题，或者骗子感。他们可能受到各种压力症状的折磨，或者在生活的生存困局中苦苦挣扎。但是，当工作坊候选者申请参加课程的时候，他们往往对这些问题尚未形成清晰的认识。

课程的目标是为这些高管创造一个过渡空间，让他们走出每日的忙忙碌碌，暂停下来，进入反思和实验的状态。在课程的整个过程中，关键的内容是要培养参加者游戏的意识。这个空间提供了一种抱持环境，可以容纳和反映参加者存在的各种官能障碍。在工作坊中，无意识和未被认识到的问题，比如被长久压抑的恐惧和渴望，浮出水面了。这样的问题导致出现了典型的抗拒行为，比如分裂、投射、否认、置换、解离状态和抑郁。随着时间的推移，这些防御机制不那么有效了。在课程结束的时候，多数参加者已经能够打破障碍，进行他们从未进行过的大胆交谈。通过这样的过程，参加者也变得善于反思和自我分析了。

日常事物、规则和别人的期望对我们产生了抑制作用，分散了我们的注意力。通过前述干预活动，我看到了抽时间从中脱离出来所产生的力量。过渡空间对于自我的发展——不论其表现为抑制状态还是创造力——以及个人创造力和文化体验都是至关重要的。通过它，高管们就会有足够的把握回归童真和自发状态，去尝试新的挑战，探索新的地点、观念和活动，产生新的看法和解决方案。而更重要的是，随着参加者们开始有意识地在他们的职场生活中采取更具反思性和更有意义的行为，前述过程所带来的成果也会被带到他们的日常生活中。

是时候该让高管们和企业回到沙盘前，认识到什么都不做所产生的力量了。为了提高效率，我们要让自己还有其他人定期脱离忙碌状态和时间表的束缚，完全自由地进行反思和想象。任何将我们的思绪带离眼前的问题、让我们的思维自由遨游，或者帮助我们关注完全不同的事物的活动，都可以做到这一点。只有"不思考"，我们才能真正获得有创意的新理念。看似思想不活跃的阶段，可以成为未来创造力爆发的孕育期。很多公司已经转而采用内观和冥想的做法，来帮助员工发掘他们的创造潜能。3M、皮克斯、谷歌、推特和脸书都把定期脱岗或冥想法作为重要的工作方法。这样做的目的是强化员工的自我意识、自我管理和创造力。其目标是更聪明地工作，而不是更长时间地工作。

最富有成效的高管是那些行、思并举的人。如果我们不知道如何在工作和游戏之间维持平衡，那么我们或因身心耗尽而丧失健康乃至生命。但是，花些时间什么都不做，会让我们更有成效和创造力。俗话说得好，不掉下山，不知道为何爬山。

思考题

● 你善于通过说"不"来为自己获得闲暇时间吗? 你善于创造"私人专属时间"吗?

● 你经常玩耍吗? 你觉得自己是爱玩儿的人吗? 作为成年人, 你常和孩子玩耍吗?

● 你能够"什么都不做"吗?

● 什么都不做时, 你焦虑吗? 你只有忙碌起来才感觉愉快吗?

● 你会定期关掉移动设备进入思考时间吗?

● 你睡眠时间充足吗?

● 你注意你的梦吗?

— 30 —

梦之旅
通往无意识的康庄大道

李是一家 IT 公司的 CEO，曾给我讲他做过的一个梦。梦里他正走向自己的凉亭，但随后他发现自己全身赤裸。唯一可以遮体的是一条很小的毛巾。他向家里跑的时候，发现邻居们站在阳台上嘲笑他。突然间，他被绊倒了，毛巾掉到一边，而且发现他的钱包躺在地上，里面空无一文。从梦中醒来，他感到自己脆弱、缺乏保护。

我问他这个梦代表什么，李联想到自己在股东年会（很快就要来临了）上，总感觉是完全暴露在众目睽睽之下。尽管他擅长在公众场合讲话，但他并不期待。他颇费了一些时间才适应这样的场合。另外他也在琢磨，梦中赤身裸体是否意味着他会遇到什么措手不及的事情。他会不会被指责隐瞒——被揭露欺骗呢？是否会爆发代理权之争呢？他回想起就任 CEO 的时候，曾承诺快速实现公司的转变，但时至今日，转变依然没有来临。这个梦还让他认识到，他最害怕的事情就是被要求出让公司的部分股份（空钱包代表资源被拿走了）——他觉得如果发生这件事，对公司未来是个灾难。

睡觉和做梦是人类状态的基本组成部分。每年我们大约有 122 天在睡觉。一般情况下，我们晚上每隔 90 分钟就会做梦一次。多数人一晚上做三到五个梦，但有些人会做七个梦。到 60 岁，我们大约会做梦 9 万小时，做 20 万个梦。在这些夜之旅中所做的梦——如果认真对待——可以为我们所执着和关注的内容提供有用的线索。仔细思考这些梦与我们未眠之时所发生的事情的关联，可以帮助我们认清和解决我们内心的一些难事。

梦境研究称为梦学（oneirology，源于希腊文 oneiron，oneiron 是 "梦" 的意思），它所探索的领域涵盖神经科学、心理学，甚至还有文学。虽然梦学的学生们提出了很多理论来解释做梦的原因，但是对于做梦的目的莫衷一是，更不用说如何解梦了。在精神研究领域，梦学依然是最后几个尖端科学之一，尚未被完全攻克。

梦实际上是否具有生理、生物或心理功能依然存在很多疑问。但是，多数梦研究者相信，做梦对我们的精神、情感和身体康乐是极其重要的。当然，也有些人认为梦没有实际意义。他们仅把梦看成大脑神经元随机、无意义的放电——我们醒着时不会发生的神经过程。但是，还有很多其他人持有完全不同的观点。

用进化的观点来解释我们为什么做梦是一个很好的角度。根据一系列进化心理学家的观点，我们在梦中实际上是在排练"打或逃"的应对过程。他们认为，梦的生物功能在于模拟威胁性事件，是对感知威胁和避免威胁进行的彩排。它是预防和解决可能的创伤性事件的方法。现在可以将此进化观点再引申一步。我们可以认为，通过分析梦境，我们就能够对于我们在日常生活中不喜欢看到或听到什么有更多的了解。此外，如果一些梦或噩梦反复出现，我们最好予以注意。

理解梦的语言并不总是轻而易举的。鉴于梦有它们自己的语言，既有超常和普通的语言，也有超现实的和奇怪的语言，所以，当我们做梦时，梦中事件似乎是非常真实和有意义的，但醒了之后，留给我们的是一种不舒服的感觉。但是，我发现，了解这些夜晚时刻发生的曲折经历，可以成为我们解决问题的一个非常有力的工具；为我们更好地理解在日常生活中影响我们的那些压力和紧张，提供了一条捷径。

由于我们的生活与梦是紧密交织在一起的，梦又与潜意识发生联系（在此过程中将行动与反思结合起来），所以，梦也可以被视为一种心理疗法——一种讲故事的形式，记录下我们醒着时未注意到的那些非常细微的迹象。在梦中（不同于我们醒着状态下发生的事情），我们处理情感事项时，是处在一个安全的环境下，我们所能够建立的联系，是把该事项交由我们大脑更具批判性或防御性的区域处理时所无法建立的。如果我们相信很多心理治疗师的观点，那么，认真对待梦就证明我们惦念我们所忘掉的梦中那些非常重要的内容。

做梦会帮助我们以不那么合理和不那么具防御性的心境去彻底思考情感事项。做梦让我们能够形成对自己和他人的洞见，而在梦境之外，这种洞见则处于被抑制之中。对梦进行思考，我们就能以新的视角看待在醒着的生活中存在着的那些人和事，认识到各种事情背后的真相，而这些真相常常被伪装成象征性语言与视觉和语言双关表达的混合体。梦会迫使我们自问一些我们不想面对的问题。梦会为我们内心的斗争、行为和关切提供线索，让我们更加真实地认识它们。梦可以帮助我们以更加清晰的视角、通过更加明确的行为，来看待同事或家人，这是一条发现问题或挑战的本质的捷径。而且，梦可以帮助我们找到创造性的方法去解决日常问题。在梦中，我们可能发现那些被锁藏起来的灵感和答案，从而可以解决现实世界的问题。另外，我们醒来后，通过回忆梦境，我们有可能会采取某些行动解决当初看似无法解决的难题。这就解释了为什么"把问题留在第二天解决"，往往会让我们找到问题的解决办法。

这方面有一个合适的例子，主人公是缝纫机的发明者伊莱亚斯·豪。他当初想到一台带有针的机器，可以从布料上运行通过。但他想不出这台机器到底怎样工作。挫败感让他精疲力竭，于是睡着了。睡梦中，他梦到在一个奇怪的地方一些野蛮人追赶他。当地的勇士把他逮住，扔进了锅里。他疯了般地想从锅里出来，但他们用长矛把他戳了回去。他吓醒了。过了一会儿，他回忆起梦中每个长矛

247

上都带有一个孔，就像一根巨大的缝衣针，只是它上面的孔是在尖端，而不是尾部。这个想法被应用到机器上，把线纫进针尖的孔是一个重大创新，据此他设计了第一台现代缝纫机。

有些人难于记住梦的内容，但是回忆梦的技能是可以学习的。例如，醒来后马上保持一动不动，可以让思维自由运行，让梦里的形象浮现。事实上，从梦中醒来后，在细节开始消失、记忆开始减弱之前，我们只有片刻的宝贵时间。同样，我们还是从进化心理学的角度来解释为什么是这种情况。最可能的原因是，如果回忆行为过于强烈，我们可能会对苏醒和睡眠状态产生混淆，这样的困惑将带来十分负面的结果。鉴于梦境的短暂性，有一个方法可以保留梦境。这就是在床边放上一支笔和一张纸，或是一台录音机，在梦境从记忆中消失前，把它记下来。短短数语记下梦的主要内容，可以令无意识内容变得更加具体。

正如你会向别人描述你的梦境一样，别人也会向你讲述他们的梦。但是，当你试图弄清他人的梦境的时候，要记住，梦是**他们**的——他们和你一样，是这些夜间作品的导演、制片和编剧——因而，要由他们来解释那些具体的梦境符号。我们都有我们各自的梦之"语言"。所有做梦者都有各自锁藏的记忆需要打开，有心结需要解开。例如，梦中出现的一只熊，其对于猎人和对于孩童的意义是不同的，孩童会说熊是她最爱的填充玩具。一辆车之于赛车手和之于偶尔驾车度周末的人，其意义是有显著差别的。梦中出现的主题、数字、动物、人物和不寻常的生命，是前来帮助我们的，是对被我们忽视、未认识到或忘记的那些方面给予的教诲。通过审视每个梦的元素并在不同联想间寻求共同点，我们就能解释梦的含义。当然，让这一过程复杂化的是，在无意识的、可怕的思想呈现之前，它们可能已经被加工过——导致出现很大的困惑。但是，即使一开始不能弄清梦中内容，然而通过对梦境冥思默想，我们也会对梦传达的信息形成更深刻的见解。因此，只有一个人的生活经历被充分展现出来，在这样一个更广阔的背景下，才能理解梦境。

回想梦的时候，需要提出这些最重要的问题："梦首先让你联想到什么？""梦让你思考什么？""在梦中你所产生的感觉是如何反映你醒着时候的经历的？"换句话说，醒着的时候，在何种情况下你产生的情感与你在夜晚所经历的相类似？提出这些问题，可以帮助你破解你自己独有的那套梦境符号——弄清你梦中的各个具体符号都象征什么。但是，解释梦境并没有一套需要严格遵守的规则，也没有具体的公式或方法。每一个人、每一个梦都是唯一的。此外，所有的梦都具有多种含义和多层意义。

将近两千五百年前，中国哲学家庄子从梦到蝴蝶的梦中醒来后说："不知周之梦为蝴蝶与？蝴蝶之梦为周与？"这个广为引用的故事强调的是，我们的意会在很大程度上存在着明显的矛盾。但是，这也可被视为获得启发的一个过程。梦可以帮助我们在精神上更加清醒——获得更高层次的意识——尽管在我们最终成蝶之前，需要走过幼虫和蛹的过渡性阶段。西格蒙德·弗洛伊德曾说，梦是通往无意识的康庄大道。

思考题

• 你容易回忆起梦境吗？你会努力记住自己的梦吗？你找到办法来更好地回忆梦境了吗？

• 你做过重复的梦吗？你做过噩梦吗？你能回忆起重

复的梦和噩梦吗？你明白这些梦的重要意义吗？你知道这些梦试图告诉你什么吗？

●回忆梦的时候，你会花时间弄清其含义吗？你梦中重复出现过某些梦的符号吗？对梦的联想帮助你解决过难题吗？

●你与别人分享过你的梦、让别人帮助你弄清其中的含义吗？别人与你分享过梦吗？

●你试图控制自己做梦吗？

曼弗雷德管理思想经典文库

乘坐领导力的过山车：
日常工作中的领导力心理学

ISBN：978-7-5207-0772-5
定价：68.00 元

领导力童话：
领导力的五个致命危险

ISBN：978-7-5207-0771-8
定价：58.00 元

领导者、傻瓜和骗子：
曼弗雷德谈领导力心理学

ISBN：978-7-5207-0773-2
定价：68.00 元

领导者是天生的吗：
亚历山大大帝领导力案例研究

ISBN：978-7-5207-0807-4
定价：58.00 元

神经质组织：
引领组织变革的成功之道

ISBN：978-7-5060-9398-9
定价：68.00 元

幸福等式：
幸福与成功沉思录

ISBN：978-7-5207-0719-0
定价：58.00 元

正念领导力：
洞悉人心的管理秘诀

ISBN：978-7-5060-8989-0
定价：49.90 元

性、金钱、幸福与死亡
（精装版）

ISBN：978-7-5060-9148-0
定价：55.00 元

性格与领导力反思

ISBN：978-7-5060-8299-0
定价：49.90 元

领导力与职业生涯反思

ISBN：978-7-5060-8300-3
定价：49.90 元

组织的反思

ISBN：978-7-5060-9399-6
定价：58.00 元

恐惧领导力：
在阁楼里发现夏卡·祖鲁

ISBN：978-7-5060-9389-7
定价：68.00 元

刺猬效应：
打造高绩效团队的秘诀（精装版）

ISBN：978-7-5060-9649-2
定价：68.00 元

有毒的管理者：
高管教练的挑战

ISBN：978-7-5207-0774-9
定价：58.00 元

领导力的奇境历险：
日常生活中的领导力心理学

2019 年 10 月出版